朝倉日英対照言語学シリーズ
[発展編] 4

英語教育と
言語研究

English Education and Language Studies

西原哲雄 [編]

朝倉書店

編集者

西原哲雄 　宮城教育大学教育学部教授

執筆者（執筆順）

西原哲雄 　宮城教育大学教育学部教授

リース　エイドリアン 　宮城教育大学教育学部准教授

川井一枝 　宮城大学基盤教育群准教授

相澤一美 　東京電機大学工学部教授

柏木賀津子 　大阪教育大学大学院連合教職実践研究科教授

會澤まりえ 　尚絅学院大学総合人間科学部教授

小島さつき 　宮城大学基盤教育群准教授

金子淳 　山形大学地域教育文化学部准教授

はじめに

　本書は,『日英対照言語学シリーズ［発展編］』の一巻として出版されたものである. 本シリーズでは『日英対照言語学シリーズ』(全7巻)で取り扱うことのできなかった分野を取り上げ, 英語教育関連の内容と英語の言語構造の分析を関連づけて扱いながらも, 随時, 日本語の構造との比較対照をしながら, 英語教育と言語研究に関連した基礎知識から発展的知識に至る様々な部分に焦点をあてることを目指している.

　それゆえ, 本書は, 英文学科, 英米語学科, 英語教育学科の専門学生やその他の学部・学科において英語学や言語学(一般教養, 言語学や英語学関連の科目を含む)を専門科目や一般教養科目として履修する学生諸君に対して,「英語教育(英語科教育法)」と「英語の言語構造(英語学・言語学)」の関連分野に重点を置き,「英語教育と言語研究」の往還について執筆された入門兼概論書である.

　本書では英語教育と言語研究の分野において英語(教育を含む)と日本語の対比を基本としながら, 基本的概念から各用語の説明をしたうえで, 英語教育と言語研究に関連した最新の研究成果を盛り込むように努力した. 本書は英語教育と言語研究の関連性に関わる, 音声・音韻, 文理解, 語彙, 英語コミュニケーション, 言語獲得, 評価の方法の6章から成り立っており, 英語教育と言語研究のインターフェイスを概観することが可能となっている. また, 小学校での外国語(英語)の教科化に伴う, 英語の教授法等と英語の言語構造(音声・語彙・文法など)の基礎知識から応用的知識を俯瞰することも可能となっている.

　なお, これらの6つの章は(序章を含めると7章で, 序章は最初に読まれることをお勧めするが), 必ずしも最初の章から読み始める必要はなく, 興味をもたれた章から読み始めていただいても, 十分にそれぞれの内容を理解できるように配慮したつもりである. それぞれの章末には, 読書案内となる「より深く勉強したい人のために」が設けられており, 学生諸君には本書の内容の理解をより深めるためにぜひこの読書案内にも目を通していただき, さらに研究を進めてゆくため

に活用していただきたい．

　我々が第二言語として使用している英語の教授法などと，我々が用いている言語（英語・日本語）の構造のインターフェイスを扱っている，この英語教育と言語研究という分野の重要性や奥深さを，学生を含めた読者の諸君に十分に理解してほしいと，筆者らは心から願うものである．

　最後に，本書や本シリーズの企画を快諾してくださり，校正から出版までに様々な面から協力をしていただいた朝倉書店編集部に心から感謝し，ここに記して特に御礼を申し上げたい．

2018 年 9 月

西 原 哲 雄

目　　次

序章　英語教育と言語研究とは何か ……… ［西原哲雄・リース　エイドリアン］…1

第1章　なぜ英語教育において音声研究の視点が重要か？ ……… ［川井一枝］…13
  1.1　英語と日本語の音声面における違い ………………………………… 14
    1.1.1　言語のリズムとは何か ……………………………………………… 14
    1.1.2　英語のリズムと日本語のリズム …………………………………… 15
    1.1.3　等時性に関する議論 ………………………………………………… 15
    1.1.4　言語リズムの生得性 ………………………………………………… 16
    1.1.5　外国語の音声を習得する難しさ …………………………………… 17
  1.2　発音指導 ………………………………………………………………… 18
    1.2.1　発音指導の歴史 ……………………………………………………… 18
    1.2.2　プロソディの指導に対する関心と議論 …………………………… 19
    1.2.3　発音指導の現在：World Englishes の時代 ………………………… 20
    1.2.4　発音における用語 …………………………………………………… 21
    1.2.5　日本の学校教育における発音指導 ………………………………… 22
    1.2.6　発音指導に関する課題 ……………………………………………… 24
  1.3　具体的な目標と指導法 ………………………………………………… 25
    1.3.1　目標とする発音 ……………………………………………………… 25
    1.3.2　発音指導の方向性：機能負担量と認知的アプローチ …………… 26
    1.3.3　発音指導の方向性：指導者と学習者の意識改革 ………………… 27
    1.3.4　発音指導の方向性：プロソディの指導 …………………………… 28
    1.3.5　音読やシャドーイング ……………………………………………… 28
    1.3.6　ジャズチャンツを使ったパラレルリーディング ………………… 29
    1.3.7　小学校 ………………………………………………………………… 30
    1.3.8　中学校 ………………………………………………………………… 31
    1.3.9　高等学校以上 ………………………………………………………… 32

第 2 章　英語教育と語彙習得研究 ……………………………［相澤一美］… 37
2.1　英語の語彙と日本語 …………………………………………………… 37
- 2.1.1　語彙能力の重要性 ………………………………………………… 37
- 2.1.2　英語の学習環境 …………………………………………………… 38
- 2.1.3　日本語のなかの英語の語彙 ……………………………………… 39

2.2　語彙の習得 ………………………………………………………………… 41
- 2.2.1　母語の語彙習得プロセス ………………………………………… 41
- 2.2.2　外国語における語彙習得プロセス ……………………………… 42
- 2.2.3　メンタルレキシコン ……………………………………………… 43
- 2.2.4　長期記憶と短期記憶 ……………………………………………… 43
- 2.2.5　顕在記憶と潜在記憶 ……………………………………………… 44

2.3　語彙知識の記述 …………………………………………………………… 45
- 2.3.1　単語を知っていること …………………………………………… 45
- 2.3.2　語彙知識の広さと深さ …………………………………………… 45
- 2.3.3　受容語彙と発表語彙 ……………………………………………… 47

2.4　語彙学習 …………………………………………………………………… 49
- 2.4.1　単語の数え方 ……………………………………………………… 49
- 2.4.2　カバー率 …………………………………………………………… 50
- 2.4.3　語彙知識と頻度 …………………………………………………… 51
- 2.4.4　学習の難しさの要因 ……………………………………………… 52
- 2.4.5　繰り返しの効果 …………………………………………………… 53

2.5　語彙をどう学習させるか ………………………………………………… 54
- 2.5.1　語彙選択 …………………………………………………………… 54
- 2.5.2　教科書の語彙 ……………………………………………………… 54
- 2.5.3　教科書から漏れた語彙 …………………………………………… 55
- 2.5.4　未知語の推測 ……………………………………………………… 55

第 3 章　英語教育と文理解 ………………………………………［柏木賀津子］… 60
3.1　新学習指導要領と英語教育 ……………………………………………… 60
3.2　文理解 ……………………………………………………………………… 61
- 3.2.1　音声形式と意味の結びつき（FMCs）…………………………… 61
- 3.2.2　ひとまとまりの文の理解と蓄積 ………………………………… 62

3.2.3	文構造への気づき	65
3.2.4	チャンクから文法へ（ACT-R）	68
3.2.5	FS の指導方法	69
3.2.6	事例からルール（instance to rule）の具体的指導	71
3.2.7	FS の実証的研究（中学校1年生：受身形）	76

第4章　英語教育とコミュニケーション研究　［會澤まりえ］…83

- 4.1　英語教育とコミュニケーション … 83
- 4.2　コミュニケーションとは … 84
  - 4.2.1　コミュニケーションの定義 … 84
  - 4.2.2　コミュニケーションの分類 … 85
  - 4.2.3　個人内コミュニケーション … 86
  - 4.2.4　対人コミュニケーション … 87
- 4.3　言語コミュニケーション … 90
  - 4.3.1　言語獲得と知覚の問題 … 91
  - 4.3.2　イギリス英語とアメリカ英語 … 92
  - 4.3.3　英語的発想 … 95
- 4.4　非言語コミュニケーション … 96
  - 4.4.1　非言語コミュニケーションの役割 … 96
  - 4.4.2　非言語コミュニケーションの分類 … 97
- 4.5　異文化コミュニケーション … 102
  - 4.5.1　文　化 … 103
  - 4.5.2　カルチャーショック … 104
- 4.6　コミュニケーション能力 … 106
  - 4.6.1　コミュニケーション能力の定義 … 106
  - 4.6.2　グローバル化時代のコミュニケーション能力 … 107

第5章　英語教育と第二言語習得研究　［小島さつき］…111

- 5.1　母語転移 … 112
  - 5.1.1　発音の転移 … 112
  - 5.1.2　語彙の転移 … 113
  - 5.1.3　統語の転移 … 113

5.1.4　語用論的転移 …………………………………………… 113
　5.2　第二言語習得研究の歴史 ………………………………………… 114
　　5.2.1　1950年代：行動主義と対照分析 ……………………… 114
　　5.2.2　1960年代から1970年代：生得主義と中間言語 ………… 115
　　5.2.3　1980年代以降 …………………………………………… 117
　　5.2.4　第二言語習得研究の現在の方向性 ……………………… 118
　5.3　第二言語習得に影響を及ぼす要因 ………………………………… 119
　　5.3.1　年齢要因 …………………………………………………… 119
　　5.3.2　学習者要因 ………………………………………………… 122

第6章　英語教育と評価研究―学習到達目標（CAN-DO リスト等）について― …………………………………………［金子　淳］…135

　6.1　なぜ，今，「学習到達目標（CAN-DO リスト等）」なのか ……… 135
　6.2　「学習到達目標（CAN-DO リスト等）」の背景 ………………… 137
　6.3　「学習到達目標（CAN-DO リスト等）」とは何か ……………… 138
　6.4　「学習到達目標（CAN-DO リスト等）」の意義 ………………… 140
　6.5　「学習到達目標（CAN-DO リスト等）」を使ったとしても，
　　　　効果はあるのか ……………………………………………………… 141
　6.6　「学習到達目標（CAN-DO リスト等）」の普及度 ……………… 143
　6.7　「学習到達目標（CAN-DO リスト等）」の作成ならびに改訂 …… 146
　6.8　「学習到達目標（CAN-DO リスト等）」の活用について ………… 151
　　6.8.1　スピーキング能力の評価 ………………………………… 152
　　6.8.2　ライティング能力の評価 ………………………………… 154
　6.9　「学習到達目標（CAN-DO リスト等）」（CEFR）と日本語教育 ……… 154

索　　引 …………………………………………………………………… 161
英和対照用語一覧 ………………………………………………………… 167

序章　英語教育と言語研究とは何か

西原哲雄・リース エイドリアン

　本書は，英語教育（English education）と言語研究（language studies）の間の関係または，それらの橋渡しという内容に焦点をおくものである．このような2つの分野または内容に関わる研究分野は，応用言語学（applied linguistics）というような用語が用いられることがあり，一般的な定義としては，言語学等を応用しながら，第二言語の習得や学習に関係する内容を中心的に扱う学問分野として定義されている（石川 2017 を参照）．

　しかしながら，本書においては，読者にとっての理解を考慮に入れることで，あえて，「応用言語学」という用語を使用せずに，「英語教育と言語研究」というタイトルを用いた．もちろん，本書の扱う内容は，主に英語という言語を習得する際に，その英語（言語）をより正確かつ適切に分析することで，英語の習得が容易になったり，そのプロセスにも何らかの影響，変化が出るという内容を対象とするものである．

　この序章では，本書で取り扱う内容である，英語教育と言語研究の基本的内容やそれらの発展・展開などについて概観を行うこととする．

　本書が執筆，刊行される時期は，おそらく日本の英語教育での大きな変革である，小学校での英語の教科化が進行または実施と時を同じくするものであろう．本書の執筆時点ですでに，この小学校の英語の教科化に関わる様々な小学校英語の教授に関する指導書やハンドブックといわれる類の書籍がすでに多数刊行されているのを筆者は目の当たりにしている．

　しかしながら，これらの書籍では，その内容によって2種類に分けられることは明白である．すなわち，まず第一には，英語教育の専門とされる先生方（もちろん大学の教員も含む）からの観点に重点を置かれた，教授法や教授のテクニックという部分が特に強調されたものである．これらの本では英語という言語に関わる言語知識である音声，語彙，文法という部分については言及されることが少ないとともに，一部の書籍では基本的な英語のこれらの知識で不正確と思われる説明が示されている例も散見されている．これに対してもう一つは，小学校英語の教授法や教授のテクニックという部分の説明は行われているが，書籍の中心的

内容は，主に，英語という言語の知識に関わる音声，語彙，文法などに重点が置かれているものである．これらの書籍のなかには，小学校英語を実際に担当される小学校の先生方にとっては，かなり専門的な英語の知識（英語学と呼ばれる分野で，音声，語彙，文法などを含む）について言及するものが少なくなく，難解な内容の書籍も出版されているのが実情である．

　本書では，このような問題点に焦点を当てたうえで，理論と実践の2分野の相互関連性を十分に配慮した構成を提示してゆく．
　まず，音声研究（音声学）と英語教育との関連性については，英語を含むいかなる言語においても，第一言語，第二言語の言語研究において，音声研究は言語研究の基礎的な部分であり，医学の分野に例えるならば，まさに音声研究は基礎医学に相当する部分であり，言語研究において避けては通れない分野であることはいうまでもない．英語の音声体系の理解と英語教育の連携という分野では，英語の音声体系を学生や生徒に教授，理解させるためには，もちろん母語である日本語の音声体系を理解することがより効果的に英語の音声体系を理解することにつながることは明白である．例えば，日本語の母音（単母音）は5つで，言語類型論的観点からも世界の言語のなかでも平均的なものといえるが，英語の場合，短母音から長母音や二重母音を含めるとおおよそ20個の母音が存在して，日本人英語学習者の英語発音の習得に大きな影を落としているといえる．
　例えば，代表的かつ特徴的な英語の母音である cat [æ] の母音は日本語の母音体系にないもので，日本人英語学習者の発音の悩みの種の1つとなっている．
　日本語の母音体系にないこの英語の母音を，多くの日本人英語学習者は，日本語の母音の中でも，比較的発話が容易である母音「ア」で代用することが多くみられる．さらに，この母音の発音方法または指導法は，松坂（1986）によれば「エの口の形でアと言えばよい」などと記載されているが，日本語の名古屋方言の「行きゃあす」の「あ」の発音はかなり英語の [æ] に類似しているとも指摘しており，このような説明も1つの効果的な指導法である．この母音を適切に英語の会話で用いることができなければ，コミュニケーションにおいて問題が生じることがある．たとえば，斎藤ら（2003）によれば，アメリカを自動車で旅行したとき，ガソリンスタンドで給油をした際に地図を店員に求めて，"Do you have a map?" と述べた．"map" の母音は [æ] であるが，うまく発音できない日本人の発音（たぶんその母音は [a] であると思われるが）に，店員が持ってきたものは "map"

[mæp]（地図）ではなく"mop"[map]（掃除のモップ）であった——というような笑えない話がある．

また，日本人英語学習が発音に苦労する"think"における th-[θ] の部分についても常に問題とされる．しかし，この発音自体が，マディソン（Maddieson 2005）によれば調査された世界の言語 556 言語のうち約 7％の言語にしか存在せず，この発音が世界的な観点からみても難しいということを考慮すれば，日本人英語学習者の習得の困難さを理解することができる．「世界英語（World Englishes）」という概念のもとに，第二言語としての英語に必要とされる要素をリンガ・フランカ・コア（Lingua Franca Core）と呼び，それらを提唱しているジェニファー・ジェンキンス（Jennifer Jenkins）によれば，英語母語話者でもこの発音は習得するのは困難であり，英語の母語話者の幼児がこの [θ] の音の代用としてしばしば無声閉鎖音の [t] を用いるという事実を挙げ，英語の第二言語学習者も必ずしもこの音を常に正確に発音しなければならないということはないと指摘している．

しかし，クリスタル（Crystal 2003）は，イギリスが宗主国であったナイジェリア人が話す英語が英語本来の強勢拍リズムではなく，母音体系が類似しているスペイン語などでみられる音節拍リズムで発話された場合，英語の母語話者はその英語（の内容）をまったく理解できないと述べている．日本人の英語学習は，英語の「音節」という音律単位よりも小さい日本語独自のリズムである「モーラ」を単位としたモーラ拍リズムに影響されることが多い．例えば，ホンダ [ho-N-da] という音連続の分節化はモーラでは 3 モーラと判断されるが，英語の話者ではこの音連続は 2 音節 [hoN-da] と分節化することになる．この分節の仕方の違いによって，日本人英語学習者が英語の単語やその連続の発話である，歌を歌うなどする際には，メロディーに歌詞が追い付かない現象である「字あまり」になるなど，少なからず問題が生起することになる．これについて原口（1985）は，英語の音節という単位よりも日本語のモーラという単位の方が簡単であるということも関わっていると指摘している．ただ，このような日本語の音韻単位であるモーラによってほとんどの日本語方言（東京方言を含む）のアクセントの位置は決定されているが，鹿児島方言では英語のように音節という単位によって決定されていることが窪薗（2016）では指摘されており，日本語にも例外がある点に注視しなければならない．

次に，形態論（語の形成に関わる部門）や語彙習得に関わる問題に視点を向けてみることにする．一般的に，人間が言語活動（言語運用）で用いられる語彙の

種類には2種類があるといわれている．1つは能動的語彙（active vocabulary）といわれるもので，話し手が自分の発話において自分で用いて表現活動をすることができるものである．もう1つは，聞き手として，読んだり聞いたりしたときにわかるだけで，自らが自由に用いることができない語彙が受動的語彙（passive vocabulary）である．通常，一般人では前者である能動的語彙の数よりも後者の受動的語彙の数のほうが多く，これらは，人間の語彙の収納庫である心的（心内）辞書（メンタルレキシコン，mental lexicon）に登録されていると考えられる．

このように，人間の単語・語彙を収納，登録している心的辞書は非常に高度な言語処理能力をもちながらも，人間がコミュニケーションをとるために，単語を発話するときには，心的辞書からの取り出しの際に一定の規則や制約なるものが関与することで，単語の発話が行われている．例えば，unkindness（不親切）という単語は3つの要素（この場合，つまり，形態素と呼ばれる意味をもつ言語の最小単位である kind は単独出現できる自由形態素，un-, -ness は単独で生起できない拘束形態素と呼ばれる）から成り立っていることが明白である．すなわち，次のような構成から成り立っている：un-kind-ness が，その内部構造は発話と同じように直線的ではなく，階層的になっていることに注意しなければならない．なぜなら，接頭辞である un- は形容詞に付加されなければならないという制約をもっているので，kind という形容詞に名詞を形成する接尾辞 -ness を付加して kindness という名詞が先に形成されると，un- は名詞である kindness には付加できなくなってしまう．それゆえ，un-kind-ness という単語は以下のように直線的構造ではなく，一定の制約による階層的構造をもっていると考えなければならない．

(1)

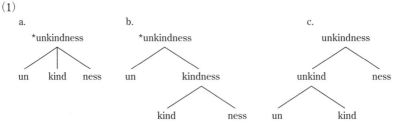

したがって，unkindness という単語の派生過程は，(1a, b) ではなく，(1c) のみが適格であることとなる．このように，我々の単語や語彙を登録している心的辞書では個々の単語が無造作に登録されているのではなく，形態素のような単位のレベルで存在し，単語として発話されるときには一定の制約や規則に従って派生

や屈折，複合語化などの過程を経て的確な単語が生成されている．もちろん，動詞の不規則形（go-wentなど）や，不規則な複数形をもつ名詞（ox-oxen, carp-carpなど）は一定の制約や規則に従って生成されるのではなく，心的辞書内に別途，不規則形というラベルが指定されたうえで規則的な派生過程などをもつ語とは区別され心的辞書に登録されていると考えられる．それゆえ，心的辞書から自らが必要とする語を引き出し発話しようとする際，プライミング（priming）といわれる，音韻的，形態論的，意味論的，統語的などといった要素をもった語と関連づけることによって，必要とする語を心的辞書から，引き出しやすくなる．

　Plag et al. (2015) では，例えば，m*ask*-*task*というような音韻的（韻を踏む）類似性があるほうが，韻を踏まないようなmask-beachのような場合よりも語（taskという語）の引き出しが容易になると指摘している．さらに，音韻的類似性でも，語頭の子音連続が同じ場合の*train*-*try*のほうが，そうでない，train-flyのような例よりも語（tryという語）の引き出しが容易となるとも指摘している．さらに，音韻論的類似性以外に，train-carという意味論的類似性のあるほうが，意味論的に類似性のないtree-carのような場合よりも語（carという語）を引き出しやすくなるとも述べている．

　語より上位のレベルにある単位として文（sentence）が挙げられ，この文というレベルの基礎的要素がいわゆる文法（grammar）と呼ばれるものである．すなわち，文というものを生成するための，単語の並び方を理解し，習得することが文法であると考えられる．統語，すなわち文の理解には，それぞれの言語における文法が関わっていることはいうまでもないことであるが，その文理解の多義性というものも少なからず，その言語の学習者や母語話者においても重要な問題となっている．竹林・桜井（1985）によれば，以下に挙げる英文には，一般的に理解される意味解釈のほかに2つの可能な意味解釈も含んでいることに注意したい．

(2) S [Time] V [flies] like an arrow.
　　a. 時は矢のように早く飛んでいく（光陰矢のごとし）．
(3) S [Time flies] V [like] an arrow.
　　b. 時バエは矢を好む．
(4) V [Time] O [flies] like an arrow.
　　c. 矢のようにハエの速さを測れ．

一般的には，上記の英文では，主語（S）と動詞（V）という語順から成り立つ

(2) の解釈が最も容易に理解されるものであるが，(3) のように (2) では主語と動詞の区別があった要素を結合させ，その複合語（[time flies]）を主語とし，(2) では前置詞であった like を動詞として捉えることができる．また，さらに (2)，(3) のいずれにおいても主語として機能していた time という名詞を動詞として解釈すると，(4) では命令文として解釈，理解することもまた可能であることがわかる．このような文理解における多義性は，その母語話者にとっては特段問題なく理解できても，外国語話者にとっては難しいということは以下の例文からも明らかである．

(5) ここではきものをおぬぎください．
 a. ここで|はきものをおぬぎください
 b. ここでは|きものをおぬぎください

日本語を母語とする話者にとっては (5a) の解釈が当然なものとして理解するが，状況から判断して日本人母語話者にとっては違和感を覚えるようなものであっても，日本語を母語としない外国語話者が (5b) のような解釈をすることが実際にある．

 日本人英語学習者が，中学校や高等学校などで教えられる文構造は，英文の構築や理解において，言語学的な観点から容認されたものとは限らず，学校文法の指導的観点からの指導も多くみられる．たとえば，英文法や英語の構造の指導において当然と思われる内容でも，言語学的かつ学術的正確さを求めた際には，以下にみられるようにある種の矛盾も生じていることを認知することは重要である．

(6) John liked Tom. [S + V + O]
(7)

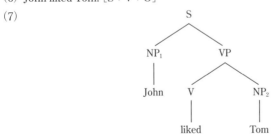

(6) で挙げられるような例文は，もちろん，S（主語），V（動詞），O（目的語）として説明されている．しかし，この構造をよく観察すると主語と目的語は「文構造の中での機能」を示しているのに対して，動詞は「単語の品詞」を示しており，異なる2つの要素が混在していることに気づく．さらに，学校文法で基本的単位

として指導されるS+Vという構造よりも，要素同士の結び付きという観点に立てば，V+Oの結び付きのほうが強力であることは，(7)の生成文法（generative grammar）に基づく樹形図（tree diagram）から明らかである（なお，生成文法理論を提唱したノーム・チョムスキー（Noam Chomsky）自身が当初から，生成文法理論は言語教育（英語教育）には寄与しないと述べている）．しかし，S+Vという構造が，英語の文構造の基本単位として絶対的に指導現場での常識となっている点にも注意したい．

　安井（1982）にしたがえば，この樹形図では(6)の文構造を，S（主語），V（動詞），O（目的語）というような直線的な概念で捉えるのではなく，(7)のような垂直的な結びつきで捉えることで，NP_1（名詞句）とVP（動詞句）またはV（動詞），NP_2（名詞句）が階層的に配列されており，さらには，学校文法の用語であるS+VよりもV+Oの結び付きのほうが強力であることが容易に理解できる．このような事実から，学校文法で指導される副詞という要素がS+Vの間には挿入可能であるが，V+Oの間には基本的に挿入されないことを正確に予測できる．

　さらに，牧野（2018）によれば，近年の類型論的観点からのデータに基づくと，英語では日本語のように頻繁に受動態を使用されることがないと指摘している．これは，日本での英語教育における受動態構文の指導について，1つの問題を提示している．

　言語学的理論に基づく学術的な正確さが，必ずしも教育現場での指導に正確に対応するとは限らず，またその正確性を持ち込む必要性はもちろんないと考えられるが，指導者の立場に立つ以上は，言語学的に正確な情報をしっかりと理解したうえで，現場の実情に対応しながら，英語の文構造やその理解についての指導を行うべきである．

　次に，英語教育と言語研究の両方の分野とが密接な関係をもつことを示し，言語（英語）の運用において重要な機能をもつコミュニケーション研究を少し概観してみる．英語学習者が習得しなければならない分野としては，英語の文法，発音，単語・語彙などといった言語学的要素とその教授法がある．英語教育の教育的要素は，小学校英語を含めて，大学レベルの英語の教育でも取りあげられるが，実際に学習した英語を使用しても話し手が聞き手と意思疎通ができなくては，意味のない英語の学習がなされているといわざるをえない．一般的には，初期の英語学習者にとって，発話される単語の発音の不正確さや英語特有のリズムが使用できないリズムの悪さという音声面の内容がコミュニケーションの阻害要素の8

割を占めるとも指摘されている．もちろん，発音面の不正確さ以外にもコミュニケーションの阻害要素があることは明白である．コミュニケーションをより正確にとるためには，使用する言語のもつ歴史や文化的背景も関係しており，純粋に言語学的要素のみを理解していたところでコミュニケーションを正確にとれるわけではない．

例えば，中島・外池（1994）で指摘されている，以下に挙げられるような英語と日本語の表現について考えてみることにする．

(8) 〈日本語〉 〈英語〉
　　A：コーヒーはいかがですか． A：Would you like some coffee ?
　　B：ありがとう／どうもすいません． B：Thank you.

上記の日本語と英語の表現はそれぞれ対応しているが，日本語の場合,「ありがとう」と同様に「どうもすいません」という表現も使用が可能である．これは，日本語の「どうもすいません」という表現が「感謝の表現」としても使用できることを示しており，このような用法は英語，フランス語やドイツ語にはもちろんないことは非常に興味深いことである．この日本語表現である「どうもすいません」と，英語でのその表現に相当する「Excuse me.」のもつ意味内容の対応関係を以下に示す．

(9) 　　　〈表現〉 　　　〈意味〉
　　英語： Excuse me. 謝罪
　　日本語：どうもすいません． 謝罪・感謝

"Excuse me." と「どうもすいません．」の対応関係をみると，日本語では英語にはない「感謝」の意味が含まれているので，以下の場合に使用できることになる．

(10) 道で転んで，助けてもらったとき：
　　日本語：どうもすいません．
　　英語：＊Excuse me. → Thank you.

日本語の「どうもすいません．」には「感謝」の意味があるので (10) の状況で使用が可能であるが，英語の "Excuse me." には「感謝」の意味は含まれていないので使用することができず，"Thank you." を用いなければならない．

しかしながら，いつもこのような対応表現が可能ではない．次のような状況のもとでは,「どうもすいません」という日本語表現は適切とはいえず，奇妙な対話表現となってしまう．

(11) A：合格おめでとう．
　　　B：ありがとう．／＊どうもすいません．

　上記の状況では，「感謝」の意味を含む「＊どうもすいません．」が適切でないことは明らかである．

　すなわち，日本語で「謝罪」の意味を含む「どうもすいません．」を「感謝」の言葉である「ありがとう．」の代用として用いるには，「（日本語における）一定の文脈・状況」が必要とされていることがわかる．

　英語教育の実践的内容（実際の授業などを含む）を充実かつ効果的に展開するためには，英語（言語）に関わる言語学知識を十分に理解していることも求められる．本章の先に紹介した生成文法においては，言語の文法（構造）というものは「規則の束の集合」から構成されていると提案されており，生成文法が提案された当初である 60 年代の「初期理論」という枠組みでは，統語論に関わる (7) のような文構造をもたらす，様々な「句構造規則」というものが提案されていた．

　生成文法理論は時代とともに様々な枠組みが提唱されてきたが，80 年代には統率・束縛理論（government-binding theory，以下「GB 理論」）と呼ばれる生成文法理論の枠組みが提唱された．この理論から，言語習得に関わる部分について概観することにする．中村ら（1989）によれば，この GB 理論の枠組みでは「言語知識はどのように習得されるのか」という問題に対して，普遍文法（universal grammar）（以下「UG」）が構築されることによって習得されるという提案をしている．さらに，個別の言語に特有の規則・条件が加えられることで各言語の個別文法（particular grammar）が得られ，UG とともに言語を構想する要素となる．すなわち，普遍文法と個別文法の集合が，言語習得過程となる．

　ホワイト（White 1989）に従えば，UG はいわゆる変数（パラメータ）によって規定されており，世界の言語では主語をもつ言語ともたない言語が存在するが，その違いはこの UG の変数の値の違いに基づいている．この変数は，［＋pro 落とし］と［−pro 落とし］という変数（この場合，pro とは文中での（語彙的）主語を示す）から成立している．本来，人間は生得的に主語をもたない言語という値の設定で生まれてきて，幼児は基本的に主語を発話することはないと考えられる．この状態を［＋pro 落とし］という値をもっているものと考え，規定値（デフォルト値）として扱うことになる．そして，そのまま，主語をもたない言語（日本語，スペイン語やイタリア語など）の情報を幼児が聞いたときにこの値は変更されることなく，［＋pro 落とし］という値に従い，日本語，スペイン語やイタリア

語は，主語（の代名詞）をもたない言語として成立することになる．これらに対し，英語，ドイツ語やオランダ語は主語をもつ言語であり，幼児では規定値（デフォルト値）が［＋pro 落とし］で設定されていたものが，大人の英語話者など情報を得ることから，この［＋pro 落とし］という値が［－pro 落とし］へと設定変更されることによって，英語，ドイツ語やオランダ語などは，語彙的な主語を必要とする言語として機能することになる．

　このような UG とは別に，それぞれの言語は，言語特有の個別文法という要素をもっている．例えば，英語では「疑問詞は文頭に移動する」という Wh 移動があるが，これは日本語という言語にはない個別文法である．日本語では疑問詞の移動（Wh 移動）は随意的である．

　英語教育と言語の研究では，それらに往還すべき，理論や指導法に対してはよく焦点が当てられるが，それらの結果に関わる評価というものに目が向けられることは少ないように思われる．従来，英語学習の客観的な評価というものは，一定の外部試験の導入が重要な役割を果たしている．一般的な外部試験としては，日本の学校（教育）現場などで定着している英検や，ビジネス的視点においてよく利用される TOEIC（Test of English for International Communication），留学のための試験としての位置づけが強い TOEFL（Test of English as a Foreign Language）などがよく知られているが，近年では IELTS（International English Language Testing System）や CEFR（Common European Framework of Reference for Languages）なども加えて挙げることができる．もちろん，学習到達目標（CAN-DO リスト等）は上記の中でのヨーロッパの言語基準である CEFR に由来するものであり，本書でも，この学習到達目標（CAN-DO リスト等）を中心に英語教育と言語研究における評価の問題を概観してゆくこととする．

　また，本書では十分に扱えなかったが，英語教育における「動機づけ（motivation）」という重要な分野もあり，この点についてはリースとウィルソン（Leis and Wilson 2017）なども参照していただきたい．

　最後に，この序章で本書の内容の全体を概観したので，まずは本章に目を通していただきたい．その後は，読者の皆さんの興味に沿った章を中心に読み進めていただければ幸いである．

🔍 より深く勉強したい人のために

- 竹林滋・清水あつこ・斎藤弘子（2013）『改訂新版 初級英語音声学 CD 付』大修館書店.
    英語音声学を基礎から概説し，丁寧に説明をしてくれている，英語音声学の入門書としての好著であり，改訂された最新版である．初級から中級者向けの読者を対象としている．
- 並木崇康（2009）『単語の構造の秘密―日英語の造語法を探る』開拓社．
    語の構造の成り立ちを日英語の対照の観点から解説し，日常的な単語や語彙の構築をわかりやすく説明したもの．初級から上級者をも対象とした好著である．
- 安井稔（1982）『英文法総覧』開拓社．
    学校文法を丁寧に説明しながらも，随所において生成文法理論の成果を組み込みながら，高校生から大学生，さらには英文法研究者や語法研究者にも有益な文構造などについての情報を提示してくれる優れた英文法書兼概説書である．
- 東照二（1994）『丁寧な英語・失礼な英語―英語のポライトネス・ストラテジー』研究社．
    日英語における敬語表現などを中心として，それらの示す内容の同一性や概念の違いなどを提示しながら，実際の会話表現の中での様々な表現の運用について，丁寧でわかりやすく概説したもの．
- 杉崎鉱司（2015）『はじめての言語獲得―普遍文法に基づくアプローチ』岩波書店．
    生成文法理論の統語論の観点から，主に日本語と英語の統語論における言語獲得（母語獲得）の枠組みについて概説したものである．
- 山内進（2003）『言語教育学入門―応用言語学を言語教育に活かす』大修館書店．
    小学校英語教育の章を含む 13 章からなる，言語研究と言語教育（英語教育）のさまざまな内容が含まれた概説書である．初級から上級者対象である．
- 中川直志（編）（2017）『英語学と英語教育の接点』金星堂．
    第一部から第三部に分かれており，「国際英語」という概念を含めた英語学の内容から英語教育やその関連性を取り扱った，3 人の著者が執筆した論文集である．

📖 文 献

原口庄輔（1985）「日本人の歌う英語の歌はなぜ字あまりになるのでしょうか」『月刊言語』5 月号：56-57.
石川慎一郎（2017）『ベーシック応用言語学』ひつじ書房．
窪薗晴夫（2016）「日本語音声の謎と難問」『日本語学』5 月号：2-12.
牧野成一（2018）『日本語を翻訳するということ』中公新書．
松坂ヒロシ（1986）『英語音声学入門』研究社．

中島平三・外池滋生（1994）『言語学への招待』大修館書店.
中村捷・金子義明・菊地朗（1989）『生成文法の基礎—原理とパラミターのアプローチ』研究社.
齋藤弘子ら（2003）『大人の英語発音講座』NHK 出版.
竹林滋・桜井雅人（1985）『音韻・形態（英語の演習1）』大修館書店.
安井稔（1982）『英文法総覧』開拓社.
Crystal, David（2003）*English as a Global English*. 2nd edition, Cambridge: Cambridge University Press.
Leis, Adrian and Matthew Wilson（2017）"Giving Class Averages: Is it Worth it?", *Eurasian Journal of Applied Linguistics,* **3**(1): 35-47.
Maddieson, Ian（2005）"Presence of uncommon consonants." In: Haspelmath, Martin, Matthew S. Dryer, David Gil and Bernard Comrie（eds.）*World Atlas of Language Structures*, Oxford: Oxford University Press, 82-83.
Plag, Ingo, Sabine Arndt-Lappe, Maria Braun and Mareile Schramm（2015）*Introduction to English Linguistics*, 3rd revised edition, Berlin: Mouton de Gruyter.
White, Lydia（1989）*Universal Grammar and Second Language Acquisition*, Amsterdam: John Benjamins.

第1章 なぜ英語教育において音声研究の視点が重要か？

川井一枝

　話し言葉は約 80,000 年前，書き言葉は約 5,200 年前に誕生したとこれまで認識されているように，人間がコミュニケーションするうえで話し言葉は長い間中心的な役割を担ってきた．こうした言語の成り立ちから考えても，無理のない自然な言語習得にはまず音声の習得が欠かせない．音声は「ことば」を学ぶうえで重要な基盤を形成するものである．

　母語の場合，聴覚や発声するための器官に支障がある場合を除き，乳児は周りの人との関係性のなかで音声によるコミュニケーションを通して「ことば」を自然に覚えていく．個人差はあるものの，概ね 4 歳くらいまでには音声によるコミュニケーションが成立するようになる．その後，意識的かつ系統的に整理された学習を通して文字を学んでいく．このように文字言語を学ぶのは生後しばらく経ってから，音声によるコミュニケーション成立の後であり，獲得していく方法も音声と文字とではかなり対照的であることがわかる．

　では，母語を獲得した後に学ぶ第二言語の場合はどうだろうか．自然に無意識の中で獲得していく母語とは異なり，第二言語の学習はかなり意識的なものである．多くの日本人が第二言語として学ぶのは英語であり，これまでは中学校が英語学習のスタートであった．中学校や高校といった学校教育では学習時間が限られるため，音声→文字という母語の習得順序をすべて倣うには無理がある．さらに高校や大学受験といった要因も重なり，そこでは語彙や文法項目を中心に効率的に指導・学習することが求められる．どうしても音声の指導や学習は後回しになりがちで，結果的に「発音できない」「読めない」「話せない」などといった様々な弊害が出てくるようになった．

　しかし 2020 年には，外国語の教科として小学校 5 年生から英語教育が始まる．小学校の英語科では，これまで中学校で行ってきたような語彙や文法項目の明示的な指導は行わず音声による指導が中心となる．英語の音やリズムに慣れ親しみながら，コミュニケーション活動を通して語彙や表現を覚えていくのである．そして，これまで小学 5 年生から行われていた外国語活動（数値による評価を行わない）は小学 3 年生からのスタートとなる．もちろん母語を自然に習得していく

ときのインプット量とは比べ物にならないが，小学校で体験を通してたくさんの音声言語に触れた後に，中学校で明示的に語彙や文法を学ぶという習得順序は，従来に比べてより自然な言語習得の形に近づくといえるだろう．

今後，英語教育がますます低年齢化していく可能性を想定すれば，音声→文字というような大きな枠組みにおける指導順序だけではなく，いつ・どのように・何を指導していけば効果的なのか，適切なのかといった点も含めて様々な検証が必要となる．試薬を用いて行われる実験と比較すれば，教育分野における実践的研究の再現性は低い．しかし，できる限りの客観性を保ちながら地道にデータを積み上げていくしかない．と同時に，観察された現象の背景にある理論は何かといった視点が欠かせない．再現性の低さを補う意味においても様々な理論との融合が今後ますます求められるだろう．

音声の指導には産出（話す）する面だけではなく，知覚（聞く）する面もあるが，本章では産出（話す）する面，その中でも最も基礎となる「発音」に焦点を当てる．これまでの発音指導の経緯を振り返り，現状の課題を明らかにすることで，今後の音声教育について考える一助となれば幸いである．本章では，日本語と英語の音声面における違い，発音指導の歴史や課題，具体的な指導法とその効果，まとめの順で述べていく．

1.1 英語と日本語の音声面における違い

距離で表せば日本語と英語とは遠く離れていて，文法や表記法など言語的な差異が様々あるが，本項では音声面，その中でも特に言語リズムの違いに着目する．外国語を聞いて内容が理解できない場合でも，その「言語らしさ」を最も感じるのが言語のリズムだからである．言語のリズムとは何か，両言語のリズムの違いや習得に関する課題などについて述べていく．

1.1.1 言語のリズムとは何か

ロベルジュ（2000）は，母語のものと異なるリズム的，言語的行為を感知したり再生したりすることが外国語の学習であり，話し言葉のあらゆるジャンルの中で言語リズムを最も忠実に反映するものは,口伝えでありながらも何世紀もの間,不変で強固なリズムを持つその国の伝承歌であると述べている．

寺澤編（2002: 570）は，リズムに関して「広くは，ある型が反復することやそ

の結果生じたもののこと．言語におけるリズムとは，通例，音の大きさ（loudness）や長短（duration）や高低（pitch）や，あるいは，特定の音質（voice quality）を持った分節や音節などによってできる型が反復することや，生じたものを指す」と定義している．そして多くの研究者パイク（Pike 1945），アバクロンビー（Abercrombie 1964），ハリデー（Halliday 1967）らが述べてきたように，この反復時間のもたらされる要因によって言語のリズムは2種類に分けられると説明している．

1.1.2　英語のリズムと日本語のリズム

強勢のある音節から次の強勢の直前までを foot（韻脚）といい，英語のように，ほぼ一定の長さが繰り返されるのを強勢拍リズム（stress-timed rhythm）または等時間隔リズム（isochronous rhythm）という．この foot が英語におけるリズムの単位として認識されるようになったのは，アバクロンビー（Abercrombie1964: 217）が "We need first, in English, to establish a unit within which, rhythmically, the syllable functions. I shall call this unit the *foot*…." （英語にはまず，音節がリズミカルに機能する大きな単位が必要で，このユニットをフットと名付ける…筆者訳）と記したことに遡る．また，英語のリズム全体を記述する枠組みはハリデー（Halliday 1967）が作ったとされ，tone-group（音調群），foot（韻脚），syllable（音節），phoneme（音素）の4つで構成されている．

一方，フランス語などは各音節がほぼ等しく繰り返されるリズムであり，音節拍リズム（syllable-timed rhythm）とされているが，一般に日本語は音節よりも小さい単位であるモーラ（mora）という単位をもつモーラ拍言語（mora-timed language）として認識されている．

1.1.3　等時性に関する議論

前述したように英語は強勢拍リズムの言語であるので，理論上は foot が等しい間隔で反復されるはずである．実際「等時性」の物理的実証に関してはこれまでにも様々な研究が行われてきた．最初に実証的に検証したのは，クラッセ（Classe 1939）の研究であると認識されている．彼はカイモグラフ（kymograph：運動動態記録器）を用いて検証したが，完全な等時性が確認されたのは音節の数など音声的に類似性がある場合，または文法構造に類似性があるなどの限られた場合だけであり，通常の発話においては不規則かつ多様な要素が入るために英語のリズムにおける完全な等時性はないと結論づけた．さらにその後，音響分析機器やコ

ンピュータ技術の急速な発達に伴い調査精度が向上した結果，発話する場合における英語の等時性は存在しないと結論付けられた（クラッセ Classe 1939; ボリンジャー Bolinger 1965; ナカタニ・オコーナー・アストン Nakatani, O'Connor and Atson 1981）．しかし，心的実験や聴覚的には支持するというハギンス（Huggins 1972）やレヒステ（Lehiste 1972; 1977）らの研究もあり，現時点では等時間隔といっても物理的には完全に等時間隔ではなく，英語の場合，心理的あるいは聴覚的には等時間隔的であるという見方が一般的である．

　一方，日本語の場合は，単語の拍数と持続時間がほぼ比例する傾向があることから，モーラ仮説を支持した研究が多い．佐藤（1995）は，日本語のモーラリズムの等時性について，日本語，韓国語，英語を比較して検証を行った結果，日本語は音節数の増加につれて語の長さが一定の割合で伸びていくことが確認され，モーラというリズムの単位があることの根拠を示した．一方，英語は日本語また韓国語とは明らかに異なるパターンが表れ，英語のリズムにおける等時性傾向がみられたと報告している．

　この等時性の知覚に関して，河野（2001）は自身の実験結果に基づき，人間は 330 ms 以内の間隔で生起する音節を 7±2 程度までなら一気に知覚するので，物理的な厳密性がなくても等時性が感じられると説明している．またこれまでの先行研究を踏まえ，人間には刺激をまとめる力があり，音声言語の場合はさらに統語的・意味的に音声群をまとめる傾向があるので，現実には正確な等時性がなくても等時的に知覚するという現象が助長されると述べている．

1.1.4　言語リズムの生得性

　母語の音韻獲得は非常に早い段階であると認識されている．実際に，乳児を対象とした母語獲得の実証的な研究からも，生後半年〜1年以内に母語にない分節音は判別できなくなる一方，母語の音素に関する感度は高くなる（シェオールら Cheour et al. 1998）ことや，プロソディ（分節音素と対比する用語は超分節音素だが，本章では指導法にも言及するため，わかりやすい用語としてプロソディを用いる）の獲得は分節音素より早く，乳児がとくに敏感なのはリズムである（ナッチら Nazzi et al. 1998）ことが明らかにされている．こうした研究結果を踏まえ，現在では母語のリズムやイントネーションなどプロソディの獲得については，分節音素（母音と子音）よりも早く，母親の胎内にいるときからすでに始まっていると認識されている（西原編 2017；今井 2013）．

このように日本語と英語の言語リズムには大きな違いがあることに加えて，現在では実証研究の結果からも母語のリズム獲得はかなり生得的であることが確認されている．母親の胎内にいるときからすでに日本語のリズムを獲得している我々日本人が第二言語として英語を学習する場合，このリズムの違いは大きな影響を及ぼすことが考えられる．

1.1.5 外国語の音声を習得する難しさ

杉藤（1996）は日本語母語話者が音読する英語の特徴を報告し，重要単語や新旧の情報を区別するためにアクセントを置くのではなくすべての単語ごとにアクセントを置く1語読み，前後に修飾語があればそちらを強調するなど，日本語のリズムで英語を読む傾向が英語を音読する際にそのまま反映されていると指摘した．一方，英語母語話者においては，重要単語と他の単語，また新情報と旧情報の違いを明確にするという文ストレスの文法的機能の影響によってアクセントの置かれた単語を高く長く強く発音すると報告している．杉藤は，外国語の発話には母語の影響が大きく，とくに韻律的特徴の困難さは両言語の文法規則が大きく異なる場合，その影響が韻律的特徴にまで及ぶからだと述べている．

また，須藤（2010）は自らの指導経験から日本人大学生の英語の不自然さを指摘し，日本語母語話者の英語におけるコミュニケーション上の自然性や明瞭性に関連する顕著な問題はリズムの不自然さであることを指摘している．そして杉藤と同様に，音声言語においてリズムやイントネーションなどのプロソディは重要な役割を果たしているが，第二言語習得においては習得が困難な要素であると述べている．須藤が指摘した大学生の例は，まさに杉藤（1996）が述べている「日本人が話す英語」の特徴を表しており，日本語のリズムの影響が英語を学習する際に影響を及ぼした結果である．

以上のように，獲得が非常に早いとされているリズムなどプロソディをはじめ英語の音声や音韻を日本語母語話者が学習していくことは非常に難しいと認識されている．レネバーグ（Lenneberg 1967）が提唱した臨界期仮説（調査する項目によって異なる結果が出ている）においても，もし実際に臨界期が存在するならば音声面に関しては早期であるとする見方が一般的である．

ダーウィングとマンロー（Derwing and Munro 2015）は，AOL（age of L2 learning：第二言語の学習開始時期）と global accent（外国語訛り）に関するこれまでの様々な研究について，調査対象者の第一言語，AOL，データとなるサンプルの

内容，評価者の質にはばらつきがあることを指摘しつつも，調査した論文すべてにおいて AOL と発音スコアには負の関係があり，学習の開始年齢が高くなると訛りの度合いが強く（低評価），低いほど検出可能な訛りがみられない発話（高評価）になる可能性が高かったと述べている．しかし臨界期については，実際に存在するならば，それ以上の低下が観察されない幼児期または成人期初期の AOL を特定することが可能でなければならないと述べている．また成人学習者が母語話者並みの発音を習得できるという研究結果もあるが，それは，学習者の母語が英語と似ていたり，英語母語話者との結婚など要因が限定されたりした場合に限られるとしている．

　学校で英語教育を受ける段階で，例外を除き，ほとんどの日本人には母語である日本語のリズムが染み付いており，音声面の学習には困難を伴う．では，これまではどのような発音指導が行われてきたのだろうか．次節では発音指導について検討する．

1.2　発音指導

　本節では，セルス-マルシア，ブリントンとグッドウイン（Celce-Murcia, Brinton and Goodwin 1996），モーリー（Morley 1991），マーフィ（Murphy 2003）らの知見を参考に，発音指導の全体的な歴史を概観する．次に日本の学校教育における発音指導を概観し，現在の発音指導における課題について述べる．

1.2.1　発音指導の歴史

　一般的に発音指導の歴史は，1940〜1950 年代の行動主義に基づくオーディオ・リンガルの時期，1960〜1970 年代の認知主義による発音指導軽視の時期，1980 年代からのコミュニカティブアプローチに基づく目標を明瞭性に置いた発音指導の 3 期に大別される．

　第一期における発音指導の優先課題は「発音の正確さ」であり，学習者はモデルを聞いて構文パターンを覚え何度も繰り返す練習を通して正確に真似をするよう指導された．代表的な方法としては，単語内の要素が 1 つだけ異なる最小対語を用いて発音やリスニングの練習を行う minimal pair drill（ミニマルペアドリル：pet/pét/─pot/pát/）などがある．

　第二期 1960 年代になると，言語学者チョムスキー（Noam Chomsky）が提唱し

た生成文法理論の影響により，言語を習慣形成による行動ではなく規則支配による行動とみなすようになった．スコベル（Scovel 1969）は「母語話者並みの発音を習得するのは非現実的な目標であり不可能である」と指摘し，発音学習に時間を割くよりも文法や語彙の学習に時間を割くほうが有意義だという考えが主流になり，多くのカリキュラムや教材から発音指導が消えていった．セルス-マルシアら（Celce-Murcia et al. 1996）は，この時期の発音指導には認知主義の影響が濃く反映され，学習者の心理的側面を考慮した分析的な学習への取り組みがみられると述べている．

モーリー（Morley 1991）は，この時代に現れてきた発音に対する様々な課題（a. 発音指導を行ううえでの基本的な哲学，b. 意味と状況に合った練習の重要性，c. セルフモニターや感情面など学習者自身の関わり，d. 学習者の認知面，e. 明瞭性の問題，f. 多様性の問題，g. 訂正の問題，h. ストレス，リズム，イントネーション，脱落，同化等に関する注意の急増，i. リスニングと発音の問題に関して拡大した視点，j. 音と綴りの関係に対する注目）は 1980 年代の発音指導へつながっていったと説明しており，発音指導の見直しがされていたことがわかる．

第三期となる 1980 年代になると，英語教育の主流がコミュニカティブアプローチへと転換し，発音指導の目標もこれまでの正確さから明瞭性やわかりやすさへと変わっていった．またアメリカでは，発音に困難を抱えることは学業や仕事にも悪影響があり，逆に高い言語能力は社会での成功にもつながると考えられるようになり，移民や留学生を対象とした ESL のカリキュラムにおいて再び発音指導に注目が集まるようになった．

1.2.2 プロソディの指導に対する関心と議論

こうして第三期では，コミュニカティブアプローチの台頭という背景から「円滑なコミュニケーションを進めるうえで発音の明瞭性を高めるべきだ．そのためにはプロソディの指導に注意を向けるべきだ」という提案が多く出されるようになった．多くの研究者がこれまでの調音方法による分節音中心の指導ではなく，プロソディを指導する重要性について述べるようになったのである．

ペニングトン（Pennington 1989）は発音について，語用論，意味論，統語論，音韻論すべての知識を使い理解し合う，多くの要素が相互作用して作られるダイナミックな過程であると捉え，実際の会話における発音は，非分節的，非自制的であり，慎重には行われない現象であると述べた．そして，プロソディには声の

質やジェスチャーも含まれるとしてトップダウン的な視点から指導する重要性を指摘した．

プロソディを「話された句読点」であると表現したギルバート（Gilbert 2005）も同様に，明瞭性にはプロソディが大きく影響すると指摘している．

グラハム（Graham 1978）は，アメリカ標準英語のプロソディの音調，強勢，リズムに焦点を絞り，渡米してきた学習者たちが仕事帰りでも楽しく学べるようジャズチャンツを提唱した．プロソディに焦点を当てた発音指導の流れに乗って，1980～1990年にかけてジャズチャンツを用いた指導は世界で広く認知されるようになっていった．

しかし一方では，コミュニケーション上の明瞭性に影響を与えるのは，プロソディだけではなく分節音を中心に指導した方が効果的だと主張する研究者もいた．また，対話する相手は必ずしも英語母語話者に限定されるわけではなく「誰に対する明瞭性か」という点も議論の的となった．

結局のところ，学習者の発音の明瞭性を高める指導として，分節音中心 vs. プロソディ中心かの議論に結論は出ていない．シュピラ-コズローウスカ（Szpyra-Kozłowska 2014）はこの現状に対し，学習者はそれぞれ異なった母語や背景を持っており，分節音中心かプロソディ中心かといった指導の優先順位は単純には決められない，明瞭性の保持に関する実証研究においては，その学習者の母語と対象となる英語との距離を考慮する必要があると述べている．

しかし，いずれにせよ実際の教室現場では，両方バランスのとれた指導が大事であることは明白であり，その時々の指導目標に応じた指導を使い分けるというスタンスが妥当であろう．

1.2.3 発音指導の現在：World Englishes の時代

2000年以降を新たなカテゴリーで括るなら，第四期となる現在は World Englishes の時代である．2000年代に入って，分節音中心 vs. プロソディ中心をはじめ，指導法に関する議論が下火になっていった大きな要因の一つには，世界中で急速に進んだインターネットの普及に伴うグローバル化の影響がある．カーチル（Kachru 1985）により提案された Outer Circle（公用語・通用語：インド，ナイジェリアなど植民地化されたのち独立し公用語・通用語として使用されている国々）と Expanding Circle（外国語：日本，ロシア，韓国など）において英語を使用する非英語母語話者の人口が急増し，その数は Inner Circle（英語圏：米，英，

加，豪，ニュージーランド）に属している英語母語話者の約3倍にもなり，大きくその数を上回るようになったのである（クリスタル Crystal 2003）。その結果，インド英語やシンガポール英語など特徴のある英語の変種が認知されるようになり，World Englishes（世界英語）という概念の広がりとともに，指導の現場において目指すべき「発音モデル」が実質失われたのである．

ジェンキンズ（Jenkins 2000）は，これまで規範とされてきた母語話者英語の代案として，非母語話者同士が使う共通の英語としてリンガ・フランカ・コア（Lingua Franca Core: LFC）を提案した．さらに，プロソディ面が明瞭性に大きく影響を与えるのはコミュニケーションの対象者が英語母語話者であるときだけであって，Expanding Circle において非母語話者同士が英語でコミュニケーションする際，母語の訛り（母語の音，リズム，イントネーション）を排除する必要性はまったくないとも指摘した．

現在では，指導あるいは学習する際の英語として，従来からの ENL（English as a Native Language：母語としての英語），EFL（English as a Foreign Language：外国語としての英語），ESL（English as a Second Language；第二言語としての英語）に加えて，ELF（English as a Lingua Franca：リンガ・フランカとしての英語）EIL（English as an International Language：国際語としての英語），そしてジェンキンズが提唱したリンガ・フランカ・コアなど様々なものがある．

さらに，学ぶ英語のモデルが増えたことに加え「コミュニケーションの対象者は誰か」という点の曖昧さも増した．ジェンキンズは現実の使用状況を鑑み，コミュニケーションの対象者を Expanding Circle と想定して LFC を提唱しているが，ESL か EFL，また学校の教育現場か否かなど，英語の使用状況や学習環境に応じて目標とする英語を決定していかなければならない．

1.2.4　発音における用語

発音を記述する用語の捉え方や概念については研究者や論文によって異なり，曖昧な部分も多い．これまでも，intelligibility（明瞭性），comprehensibility（理解度），accent/global accent/accentedness（外国語訛りの程度）の定義や関係性についてしばしば論じられてきた．本稿ではダーウィング＆マンロー（Derwing & Munro 2015）による表 1.1 を参考にしたい．

マンロー（Munro 2015: 5-6）は，intelligibility（明瞭性），comprehensibility（理解度），accent（外国語訛りの程度）の関係性について，intelligibility と compre-

表 1.1 some basic pronunciation terminology (Derwing and Munro 2015: 5)

term	definition	synonyms
pronunciation	all aspects of the oral pronunciation of language, including segments, prosody, voice quality, and rate	
segments	the individual vowels and consonants in the phonological inventory of a given language	speech sounds, phones
prosody	the aspects of speech that carry across an utterance: stress, intonation, rhythm	suprasegmentals
accent	a particular pattern of pronunciation of pronunciation that is perceived to distinguish members of differ speech communities	different speech patterns, salient speech differences
comprehensibility	the ease of difficulty a listener experiences in understanding an utterance	effort, processing difficulty
intelligibility	the degree of match between a speaker's intended message and the listener's comprehension	actual understanding, comprehension
fluency	the degree to which speech flows easily without pauses and other dysfluency markers	fluidity

hensibility は完全に一致するものではないが緊密に関連し合っており，一方訛りがあっても内容を伝えるときに必ず失敗するわけではないとして intelligibility と accent との関連性はそれより低いと言及している．20世紀にはいかに母語話者の英語に近いかという観点が指導，学習，評価において重要視されてきたが，母語話者のような発音を習得する成人はほとんどいないこと，また intelligibility と accent は部分的には独立している研究結果が出ており，ここ20年ほどは研究や実践において intelligibility に焦点が置かれていると説明している．

シュピラ-コズローウスカ（Szpyra-Kozłowska 2014: 71）は，マンロー（Munro 2011: 12）が述べた "intelligibility is the simple most important aspect of all communication. If there is no intelligibility, communication has failed."（明瞭性はコミュニケーションにおいて最も重要なものであり，明瞭でなければコミュニケーションは成り立たない…筆者訳）を引用し，ほとんどの研究者は intelligibility が最も高い発音の優先順位と認識していると述べている．

1.2.5 日本の学校教育における発音指導

では，日本の学校教育において発音指導はどのように行われてきているのだろうか．ここでは，日本の学校教育における発音指導を概観し課題について明らか

にする．

　全体の流れは海外とほぼ同じである．1980〜90年代にかけては効果的なコミュニケーション遂行のためプロソディ面の指導に焦点が置かれた．音声学や音韻論の観点から英語のリズムやイントネーションなどについて解説し，その実践的な指導に関してもわかりやすく書かれた文献が散見されるようになった．

　学習指導要領（1989年，2000年，2010〜2011年，2017年）においても一貫として，外国語（英語）教育の目標は，小学校から高等学校を通してコミュニケーション能力の向上である．円滑なコミュニケーションを行うことを重視しており，中学校や高等学校の学習指導要領解説では，音声の指導，特に強勢や脱落をはじめリズムやイントネーションなどプロソディの指導に関してかなり詳しい記述があり丁寧に解説されている．

　しかしながら実際は「日本において発音指導は英語教育において重視されていない．あるいは重要と認識していたとしても効果的な発音指導はほとんど行われていない」というのが多くの研究者たちの見解である（川島ら 1999；近藤 1995）．

　手島（2011）は，中学校や高等学校における発音指導は1970年代と比較しても全体の状況は大きく変化しておらず，多くの場合は「カタカナ発音」だと指摘している．コミュニケーション重視の英語教育の影響によって生徒の英語による発話時間は確かに増えたと評価しつつ，正確な発音より発話活動における生徒の自発性を尊重していることやEILとしての英語に発音を矯正する必要がなくなったことがその理由ではないかと分析している．また，教師自身が発音の指導法についてよくわかっていないことについても言及している．こうした指導者側の不安や自信の無さに関しては，別な調査でも明らかになっている．

　教師を対象に実施した質問紙調査（柴田ら 2008）からは，近藤（1995）の報告時と比べて多くの教師が発音指導の重要性を認識しており，プロソディに対する指導も実施されるようになったと報告した．しかし，半数の教師が「自分の発音や発音の指導に自信がない」ということも確認された．

　河内山ら（2013）は発音指導に関する教師の消極性，不安や自信の無さを生み出す要因として，大学の教職課程において発音指導に関する科目が少ないなどカリキュラム上に問題があると述べている．そして，そもそも発音に自信のない大学生が発音や発音指導において学ぶ機会が少ないまま教師になる→発音指導に苦手意識があるので積極的に指導しない→発音に苦手意識を持つ生徒を生み出すという悪循環になっていると指摘した．

以上のように，日本の英語教育において発音指導が上手く機能しない現状は1970年代からさほど大きな変化はなく，一貫として指摘され続けている大きな要因の一つに指導する教師側の自信の無さが挙げられている．しかし，発音指導に関するこうした様々な課題は日本に限ったことではない．

1.2.6　発音指導に関する課題

フットら（Foote et al. 2012）は，ここ10年間のカナダのESLクラスにおける発音指導の動向を振り返り，プロソディを重視した指導を支持する傾向にあまり目立った変化はないと述べている．しかし興味深いことに，多くの教師がコミュニケーションを成功させるうえでプロソディの指導は重要だと認識しているものの，彼らは生徒にとって実際に役立つ活動はミニマルペアなどに焦点を当てた分節音素の指導だと感じていると報告した．この結果は，単語を学ぶ段階で正確な発音を学習していない学習者が多いことや，学習者にとっては正しいか否かの答えをすぐ得られる活動のほうが納得でき，また満足感が高いと教師自身も感じていることを表している．

ダーウィングとマンロー（Derwing and Munro 2015）は，数人の研究者と共同で，オーストラリア，イギリス，カナダ，アメリカ，ヨーロッパ7カ国（フィンランド，フランス，ドイツ，マケドニア，ポーランド，スペイン，スイス）で語学教師を対象に調査したところ，多くの教師が系統立てて発音を指導することには懐疑的であったと述べている．また，カリキュラムや指導書の多くは発音に重点を置いておらず，教師にとっても学習者に対する充分なサポートが足りないと指摘した．さらに，英語母語話者の教師であっても発音をどのように評価するかに関するトレーニングはほとんど受けていないなど，発音指導に関する研修の不備について言及している．

シュピラ-コズローウスカ（Szpyra-Kozłowska 2014）は，発音はコミュニケーション上非常に重要であると認識されながらも，最も指導が難しい分野であること，一般的にEFLにおいては教師の発音能力が低いこと，また受験や資格試験など評価においては依然として筆記試験が中心であることなどの理由から，発音指導は無視されがちだと同様に問題を指摘している．

このように，発音の指導に関してはEFLのみならずESL環境においても，長い間その重要性は認識されながらも，教室指導においてはやはり軽視される傾向が続いている．その背景には，指導者を養成する段階における指導や研修の不足，

それに伴う指導者の自信の欠如や質の低さ，受験や資格試験における筆記試験の優先性，パフォーマンスを評価する難しさなど，単独では解決できない多岐に渡る課題がある．

1.3 具体的な目標と指導法

前節まで述べているように英語と日本語の音声には大きな違いがあり，リズムも異なれば日本語に存在しない音もある．それらの課題をすべてカバーして母語話者並みの発音を目指すのは非現実的であり，現在，その必要がないのはこれまで述べてきたとおりである．英語の変種も増え，学習する英語にも様々なモデルがある現在，日本人学習者を対象にした場合，どのような英語の音声をどんな風に指導していくのがよいのだろうか．日本人を対象とした発音項目の優先順位に関しては普遍的な理論が未だ確立されているわけではないが，現状を整理しながら考えてみる．

1.3.1 目標とする発音

2017年に改訂された中学校の学習指導要領解説によれば「英語の特徴やきまりに関する事項」の「音声」において取り扱うのは「現代の標準的な発音」と示されている．さらに「英語は世界中で広く日常的なコミュニケーションの手段として使用されその使われ方も様々であり，発音や用法などの多様性に富んだ言語である．その多様性に富んだ現代の英語の発音の中で，特定の地域やクグループの人々の発音に偏ったり，口語的過ぎたりしない，いわゆる標準的な発音を指導するものとし，多様な人々とのコミュニケーションが可能となる発音を身に付けさせることを示している．」(p.27) と詳しい記述があり，改訂前の学習指導要領解説よりさらに国際化した現状を踏まえた内容となっている．

高等学校の学習指導要領解説 (2009年) においても「様々な英語が国際的に広くコミュニケーションの手段として使われている実態にも配慮する」という点に関して，現代の英語は，世界で広くコミュニケーションの手段として使われている実態があり，語彙，綴り，発音，文法などに多様性があるということに気付かせる指導を行う．」(p.42) という記述がある．World Englishes の時代に対応するべく，自ら発話することまでは求めないが，変種の英語に対する受容性を高めておく必要があるということである．

この標準的な発音の捉え方に対して，竹林ら（2013: 4）はアメリカやイギリスなど国を決めたとしても唯一の標準発音は存在しないと説明している．イギリスには，容認発音（received pronunciation: RP）もしくは BBC 英語（BBC English）と呼ばれる発音があるが使用者は非常に少なく（4％前後），北アメリカ地域（アメリカとカナダ）ではイギリスほどの方言差はないが，やはり唯一の標準英語は決められていないと述べている．そして日本の学校を含めた教育現場においては，一般米語（General American: GA）もしくはこれをもとにした，テレビやラジオのアナウンサーが使う全米三大ネットワーク（ABC, NBC, CBS，現在では CNN を含めた四大ネットワーク）による放送網英語（Network English）が発音のモデルになっていると現状を分析している．

これらをまとめれば，EFL として英語を学ぶ日本では，学校教育で英語の発音を指導する場合「特定の地域には偏らないが，母語話者の英語に基づく誰に対しても分かりやすく汎用性が高い発音」が規範となる．しかし聞き取りにおいては，変種の英語に対してもある程度は理解できるような寛容性を育んでおくことも求められている．

そして，コミュニケーションを行う相手は，ジェンキンズ（Jenkins 2000）が提唱しているように非母語話者だけに限定したものではなく，Inner Circle や Outer Circle を含んだすべての話者を対象と考えたほうが日本の現状には即していると思われる．

1.3.2 発音指導の方向性：機能負担量と認知的アプローチ

中学校や高校をはじめ教育現場においては前述したように，発音指導がうまく機能していない現状がある．指導する項目も多岐にわたり，受験や時数が限られているなどの要因を考慮すると，指導者ならびに学習者両方の負担を減らした日本人学習者向けの簡易英語発音モデルの提案（今仲 2000）が参考になる．

今仲（2000）は，時間的制約から発音指導が軽視される中学校や高校の現場において，効率重視による優先順位を設定し，日本人学習者を対象とした簡易英語発音モデルを提案している．ただし英語の専門家を養成する場合は native-like なモデルを目標とし，従来通り単音から調音法を学び時間をかけて英語発音の特徴の全側面を習得する必要があるとしている．簡易英語発音モデルでは短時間に明瞭性をあるレベルにまで引き上げるのが望ましいとして，個々の子音と母音に関しては機能負担量（ある音韻対立をなす 1 対の音素が語の意味を区別するうえで，

どのような使用頻度で用いられているかを調査することにより得られるデータ）から選択して重点的に指導する．プロソディに関してはリズム指導における強勢と弱形の習得，母音挿入の矯正等を指導の優先順位に挙げている．

また大学生以上の成人には，認知的アプローチに基づいた分析的な指導も提案されている．Nagasawa（1994）は，大学生や成人を対象とした場合「よく聞いて繰り返す」というような単なる模倣の繰り返しよりも，認知的アプローチに基づく分析的指導のほうが効果的であると提案している．土屋（2004: 14）は CD などのモデルなしでは自力で読むことができない初期の音読段階に留まっている大学生が多いと指摘し，中学校〜高等学校の段階で，①チャンキング，②強勢とリズム，③イントネーション，④音声変化について明示的な指導を行い，音韻システムについての概括的知識と発音器官のコントロールについて習得を促すような分析的な学習が必要であると述べている．

1.3.3　発音指導の方向性：指導者と学習者の意識改革

本章の冒頭で述べたように，どのように発音するかということは言語を学習していく基盤を形成するうえで欠かせないものである．課題が多い現状であっても音声の指導を疎かにはできない．制度上の問題はすぐには解決できるものではないが，指導者や学習者の意識を変えることは比較的容易にできる．

シュピラ-コズローウスカ（Szpyra-kozłowska 2014: 141）もこの点に触れ，発音指導を効果的に行うためには「コミュニケーションを成功させるために発音は言語の重要な要素である」ことを学習者に認識させ，良い発音に対する彼らの興味や意識を喚起させなければならないと述べている．また教師自身もその自覚を強くもち，言葉を習得するうえでは語彙や文法と同じように発音も重要であると生徒に説明する必要があるとし，教師自身も発音指導に対して積極的な姿勢をもつことを指摘している．

また指導者もしくは指導者を目指す場合は，今仲（2000）が指摘しているように，英語音声学についても理解を深め，その知識を具現化し自身が発音のモデルを示せるよう努力しなければならない．さらに生徒に対してはわかりやすく説明できることなども自助努力としても求められる．教員を養成する課程においては，課程の見直しや技術面の指導とともに学生自らの意識を高めていくことも重要である．

1.3.4 発音指導の方向性：プロソディの指導

発音指導はあまり行われていないという現状とは反対に，高等学校の学習指導要領解説（2009年）には「英語の音声に関しては，個々の単語の発音に加えて，話し手の意図や気持ちを伝える上で重要な役割を担っているリズムやイントネーションについても，自分の意図や気持ちに合わせて使えるよう，適切な指導が必要である．」(p. 13) と記されており，リズム，イントネーション，話す速度，声の大きさなどプロソディに関しても詳しく説明されている．

プロソディの指導に関して詳しいギルバート（Gilbert 2005: 8-15）は，リズム習得の生得性に言及しつつも，プロソディ指導は全レベルの学習者に共通しており，読むことや書くことといった英語能力とは関係がないと述べ，プロソディを指導する重要性を指摘している．渡辺（1994: 203）も同様にプロソディ指導の重要性について述べているが，日本の英語教育の現状を踏まえ「多くの時間やそのための教材を使わなくても教科書の文を使い，毎日少しずつ指導すれば十分である」と提案し，継続して毎日指導することの大切さを指摘している．

授業などで指導する場合は，単語の強勢やイントネーションなどのメカニズムについて明示的に説明すると同時に，実際に練習する時間を確保しなければならない．手軽に継続的な練習方法としては，音読やシャドーイングが挙げられる．

1.3.5 音読やシャドーイング

音読は古くからある学習法であり，特に学習初期においては音と文字の結びつきを促進させることを目的として日本の英語教育においてもよく用いられ，読解能力，聴解能力，読速度などとの関連が検証されてきた．黙読と比較した場合に内容理解や読速度が遅くなるという考えやトップダウン重視の考え方から一時軽視された時期もあったが，近年は脳科学，認知科学，情報処理の分野などからの研究が進み黙読とは異なる新たな視点で捉えられるようになった．

シャドーイングは，耳から頭に入った英語をできるだけ早く復唱する力を必要とする同時通訳など，元々は通訳のプロを目指す人たちが本格的な通訳の訓練に入る前の前提として行っていたトレーニング方法であった．しかし今日では，通訳の訓練だけではなく一般的な英語教育においても広く認知され，主に聴解能力との関連性が検証されている．

門田（2007）と門田・玉井（2004）では，学習者の認知段階において音読とシャドーイングがどのように処理されていくかについて次のように説明している．

ジャストとカーペンター（Just and Carpenter 1980）らがすべての語に眼球の停留があることを発見し，読む際の眼球運動の研究が進んだ結果，ボトムアップ処理の過程がトップダウン処理の前提条件となっていることがわかり，流暢な読み手はそうした過程を省略するのではなく自動化していると考えられるようになった．それを踏まえ門田は，音読を「書き言葉を顕在化した形で音韻符号化するプロセス」と捉え自動化に至るまでのステップとして，①文字と発音の結びつきの強化，②音読の高速化，③復唱能力の向上，④音韻符号化の自動化，⑤単語認知の自動化，⑥読みのディコーディング過程の自動化，という6段階を仮定している．またこのような研究結果により，音読の重要性が指導において再認識されるようになったと述べている．

一方シャドーイングは「聞こえてくる音声を，遅れないように，できるだけ即座に声に出して繰り返しながら，そっとついていくこと」であり，まず音声知覚の自動化を促進する．その後，練習を繰り返すことで知覚した音声復唱が高速化され，復唱できるスパン（単語や文章の量）の拡大などを経て，語彙や構文の記憶が促進されると説明している．

授業の中に短時間でもこのような練習方法を継続的に取り入れることにより，発声器官も鍛えられ，文字を見て発音するまでの自動化が進む．最初の段階ではモデルを聞いて繰り返すリピーティングから始め，聞きながらモデルと一緒に発話するパラレルリーディング（テキスト付きシャドーイングともいう），慣れてきたらテキストなしのシャドーイングという風に段階を経て練習するのが良いと考えられる．

1.3.6 ジャズチャンツを使ったパラレルリーディング

筆者は，ジャズチャンツの音楽に合わせたパラレルリーディングを用いて大学生や成人を対象にした実証研究を行ってきた．専門学校生を対象とした Kawai (2014) では，フット間の持続時間減を強勢拍リズムの指標とし，5週間の練習期間前後に検査文における持続時間を分析したところ練習後には有意に減少し，音読の流暢さが増した．また，同データの一部を母語話者に評価してもらった結果においても評価スコアは練習後のほうが有意に高く練習による効果を確認することができた．また成人を対象とした11週間の実験（川井 2009）においても，母語話者による音読の評価においてはやはり前後において有意差を確認した．こうした結果から，集中的な音読の練習は短期間であっても，発音面における即時的

な効果は出やすいといえる．しかし，1カ月後や半年後の測定ではどうなっているか，直後だけではなく遅延効果に関しても検証を行う必要がある．

また川井（2009）では，検査文を読み上げる音読の評価においては練習効果が確認できたが，同じ参加者にインタビューを行い録音したデータにおいては前後の評価に有意な差はみられなかった．テキストを音読する場合は，注意深く発音することに集中できるが，考えながら話す自由な会話の場合は発音よりも話す内容に注意が向けられたということだ．

鈴木編（2017: 113）では，同じような例として文字を読み上げる発音テストと絵を見て描写する自由表現タスクにおける発音の違いを挙げている．発音の指導においても教室内で学んだ知識・技術を実際の場面に持ち越して使える transfer（転移）させることが大事であり，自由表現タスクにおいても transfer を起こさせるためには，文字を見て発音練習させた後に絵を見せて発音させるなどの段階的な練習が有効であると述べている．

次項では，学習年齢に応じた音声指導について，特に小学校においてはどのように行えばよいのかを中心に注意すべき観点を整理しながら考えていきたい．

1.3.7 小学校

2017年に告示された新しい学習指導要領（2020年度完全実施）では，これまで小学校5年生から行われていた外国語活動が3年生から実施になる．既に小学校3年生（8〜9歳）の子どもたちは，日本語の音韻やリズムを獲得しているわけである．しかしながら成人に比べればまだ可塑性が高い．学習の初期段階においては，音声→文字という母語習得の順序に倣い，日本語とは異なる英語のプロソディを全身で感じながら徐々に英語の音声に慣れていくことが重要である．

具体的には，プロソディ重視のトップダウン的な指導により，歌，チャンツ，絵本，会話のやり取りなどを通して様々な英語の音声インプットを多く与えることが基本となる．はじめから全ての内容を理解できなくても，絵やジェスチャーなど視覚情報を効果的に用い，またスパイラルに何度も同じ音声を繰り返し与えていくことで内容に対する理解は深まっていく．子どもたちは歌や絵本の繰り返しを楽しみながら英語の音声に徐々に慣れていくのである．

分析的な学習方略を用いない，また文字を知らないこの段階の子どもたちは，"What's your name?" を一つの塊，チャンクとして理解する．この段階では，それがむしろ大事なことで，一語一語を分解して説明を加えたり，はっきりと発話さ

せることを強要する必要はない．この段階でそれを強要してしまうことは，1.2 節で述べたような日本人特有の「カタカナ英語」の産出を助長してしまうことになりかねない．"What's your name?" と聞かれたとき，「自分の名前を尋ねられている」ということが理解でき，それに対して応答できれば十分である．子どもを母親の胎内環境に戻すことは不可能だが，学習のごく初期では，多くのインプットを与え英語のプロソディを可能な限り体得させたい．

十分に時間をかけて英語の音声に馴染ませた後は，アルファベット 26 文字の名前や音（5 つの単母音と子音）をしっかり確認させていくことが大事である．確認という意味には，「聞いて判別できる」ことと「自分で発声できる」ことの両方が含まれる．

新学習指導要領によれば，外国語活動ではアルファベットとその文字がもつ「名称の読み方」を，外国語科では「文字が持っている音」まで加えて指導するとある．3〜4 年生ではアルファベットの文字と名称への理解が深まり，6 年生が終了するころまでには，アルファベット 26 文字の名前や音（5 つの単母音と子音）に対しても認識が深まり識別ができるようになることが期待される．

文部科学省が作成した高学年用の新教材（暫定版 2017 年 9 月時点）『We Can!』の 6 年生用の各ユニットには，文字と文字の持つ音に焦点をあてた活動（sounds and letters）が掲載され，テキスト巻末には文字とその音を確認しながら練習できる Alphabet Jingle や Animal Jingle なども付いている．音と綴りの関係を指導することは中学校での領域になるため，自力で未知語を読むところまでは求めないが，6 年生終了時の目標としては，これまでの学習を通して何度も触れてきた意味がわかる，馴染みのある簡単な既知語は読めることを目標にしている．

英語に苦手意識をもつ高校生や大学生の中には，単語を発音できない，英文が読めない結果，「わからない」「嫌い」になってしまったケースがよくみられる．ローマ字と英語の読み方を混同し，違いを確認する機会がないまま高校生や大学生になってしまい，COME を「コメ」，MAKE を「マケ」と読んでしまうような学習者も少なからずいるのだ．ゆえに，音声指導が中心となる小学校において十分な時間をかけて英語の音韻に対する気づきを高め，英語のアルファベットがもつ音（名称ではない）と文字について学ぶことは非常に望ましいことである．

1.3.8　中学校

中学校では音と綴りの関係も指導することになるが，小学校卒業までに英語の

音韻に親しみ，個々のアルファベットがもつ音についても理解を深めていれば，次のステップへの学習もこれまでよりだいぶスムーズになることが予想される．

個々の単語の発音をしっかり指導することはいうまでもないが，文の構造を理解するようになると，単語を一語一語はっきり読むようになり，3.1 節で述べた杉藤 (1996) で指摘されている「日本人の英語」の特徴が出てしまう傾向がある．分節音の指導と並行して，音読やシャドーイングなども積極的に取り入れ，リズムやイントネーションなどプロソディ部分の練習も小学校の時と同じように継続させたい．

1.3.9 高等学校以上

学年が進むにつれて，特に高校生以上になってくると，音声の学習は後回しになりがちになる．知らない単語に出会ったとき，多くの学生は辞書で意味は調べても音の確認はしない．高校生以上の学習においても，新しい語彙を学ぶときには，必ず文字（綴り），意味，音の3つを確認することを習慣付けたい．発音を知らない単語は必ず辞書等で確認する習慣を付けること，発音できない（読めない）単語は決してそのままにしないという音声の学習に対する意識付けが指導において必要である．

現在は，教員やテキストの CD 音声など指導時のマテリアルだけではなく，電子辞書やスマートフォンのアプリなどを使用して学習者は好きなときにいつでもわからない発音の確認ができる．さらにインターネット上では，YouTube などで IPA / アルファベットチャートや母語話者の口の動きなどを映像で見ながら音声を確認することもできる（参考サイトなど詳しい情報は『朝倉日英対照言語学シリーズ 2 音声学』の付録 pp. 140-141 を参照）．自立した学習者を育てるためには，このような有益な情報を学習者に提供することも指導者の大事な役割である．

プロソディの学習においては，文脈によって異なってくる文アクセントの理解を深めるために，会話，物語，ニュースなど様々なジャンルのテキストを使った音読やシャドーイングを継続的に続けていくことが実戦的な練習になる．

まとめ──小学校英語を視野に入れて

日本の英語教育の目標は小学校から高等学校まで一貫して，英語によるコミュニケーション能力を向上させることである．2017 年に改定された中学校の新学習指導要領では，国際的な基準である CEFR（Common European Framework of

Reference for Language：ヨーロッパ言語共通参照枠）を参考に，「聞くこと」，「読むこと」，「話すこと（やり取り）」，「話すこと（発表）」，「書くこと」の5つの領域（改定前は4領域）で目標が設定された．小学校においては「聞くこと」「話すこと（やり取り）」「話すこと（発表）」の3つの領域である．また今回の改定では「外国語を使って何ができるようになるか」を明確にするという観点から改善・充実を図っているため，改定前に比べて，各項目に対してより具体的な目標が記されている．高校においては，すでに現行の学習指導要領解説において授業を英語で行うこと等が明記されており，小学校から高等学校を通して，英語の実践的コミュニケーション運用能力を育む基盤が今回の改定でさらに整ったことになる．

また，現在ようやく大学入試が変わろうとしている．自治体の教育委員会においても変化が表れ出した．2017年12月に東京都教育委員会は，資格・検定試験を実施している民間団体と協力し，都立高入試の受験生全員に英語のスピーキングテストを課す方針を固めた．こうした事例に続き，今後も多くの自治体が話すことをどのように評価するか，またその導入について検討を始めることが推測される．これまでは高校や大学の入試で話す力が評価されないため，学年が進むにつれて，発音指導を含む「話す」指導の優先順位は依然として低いのが現状であった．しかし2020年に小学校英語が本格的に始動し，高校や大学入試においてパフォーマンス評価の部分が反映されることで，ますます音声指導の重要性は高まる．英語教育が大きく変わることは間違いない．英語教育において音声研究の視点を持つこと，音声研究の知見を英語教育に活かすことが今後ますます求められる．

Q より深く勉強したい人のために

- 竹林滋・清水あつ子・斎藤弘子（2013）『改訂新版初級英語音声学』大修館書店．
  旧版よりさらに読みやすくなった入門書．フォニックスの記述もある．CD付．
- 鈴木寿一・門田修平編著（2012）『英語音読指導ハンドブック：フォニックスからシャドーイングまで』大修館書店．
  声を出して読むことすべてを幅広くカバー，実践から理論まで詳しい記述がある．
- Szpyra-Kozłowska, J. (2014) *Pronunciation in EFL Instruction* (Vol. 82). Multilingual Matters.
  EFL教室環境における発音指導の課題を指摘，後半は実践の記述もある．
- Derwing, T. M. and M. J. Munro (2015) *Pronunciation Fundamentals: Evidence-Based Perspectives for L2 Teaching and Research* (Vol. 42), John Benjamins Publishing Company.

ESLの観点に基づき発音の諸問題を幅広くカバー．独立した章立てで読みやすい．

文献

黒田航（2007 今井むつみ（2013）『ことばの発達の謎を解く』筑摩書房．

今仲昌弘（2000）「英語発音指導上の優先事項に関する一考察：日本人学習者の簡易英語発音モデルに向けて」『英語音声学』3: 451-464.

門田修平（2007）『シャドーイングと音読の科学』コスモピア．

門田修平・玉井健（2004）『決定版英語シャドーイング』コスモピア．

川井一枝（2009）「成人英語学習者に対するチャンツを用いた指導の効果」『東北英語教育学会研究紀要』29: 33-45.

河内山真理・有本純・中西のりこ（2013）「教職課程における英語発音指導の位置付け」『外国語教育メディア学会機関誌』50: 119-130.

川島浩勝・田中祐治・山川健一・伊藤影浩・大野秀樹・大和知史・三浦省五（1999）「英語の発音指導」『英語教育』増刊号：48-65.

近藤靖（1995）「日本の学校英語教育における超分節的音素の発音指導についての考察」『RANDOM』東京外国語大学大学院英語英文学研究会, 20: 31-43.

河野守夫（2001）『音声言語の認識と生成のメカニズム：ことばの時間制御機構とその役割』金星堂．

佐藤ゆみ子（1995）「日本語のモーラリズム：音節数と単語長の間の相関係数」『音声学会会報』209: 40-53.

柴田雄介・横山志保・多良静也（2008）「英語発音に関する実態調査」『四国英語教育学会紀要』28: 47-58.

鈴木渉（編）（2017）『実践例で学ぶ第二言語習得研究に基づく英語指導』大修館書店．

杉藤美代子（1996）『日本語音声研究2：日本人の英語』和泉書院．

須藤路子（2010）『英語の音声習得における生成と知覚のメカニズム：日本人英語学習者のリズムパターン習得』風間書房．

竹林滋・清水あつ子・斎藤弘子（2013）『改訂新版初級英語音声学』大修館書店．

土屋澄男（2004）『英語コミュニケーションの基礎を作る音読指導』研究社．

寺澤芳雄（編）（2002）『英語学要語辞典』研究社．

西原哲雄（編）（2017）『心理言語学（朝倉日英対照言語学シリーズ―発展編)』朝倉書店．

ロベルジュ，クロード（舘野由紀訳）(2000)「リズム習得に関する予備研究」『SOPHIA LINGUISTICA: Working Papers in Linguistics』46/47: 143-159.

渡辺和幸（1994）『英語のリズム・イントネーションの指導』大修館書店．

Abercrombie, David（1964）"Syllable Quantity and Enclitics in English," In: Abercrombie, David, D. B. Fry, P. A. D. MacCarthy, N. C. Scott and J. L. M. Trim（eds.）, *Honour of Daniel Jones: Papers Contributed on the Occasion of His Eightieth Birthday 12 September 1961,* London: Longman, 216-222.

Anderson-Hsieh, Janet, Ruth Johnson and Kenneth Koehler（1992）"The Relationship between Na-

tive Speaker Judgements of Nonnative Pronunciation and Deviance in Segmentals, Prosody, and Syllable Structure," *Language Learning* **42**(4): 529-555.
Bolinger, Dwight M. (1965) *Forms of English: Accent, Morpheme, Order*, MA: Harvard University Press.
Celce-Murcia, Marianne, Donna M. Brinton and Jannet M. Goodwin (1996) *Teaching Pronunciation: A Reference for Teachers of English to Speakers of Other Languages*, Cambridge: Cambridge University Press.
Cheour, Marie, Rita Ceponiene, Anne Lehtokoski, Aavo Luuk, Jüri Allik, Kimmo Alho and Risto Näätänen (1998) "Development of Language-Specific Phoneme Representations in the Infant Brain." *Nature Neuroscience* **1**(5): 351-353.
Classe, André (1939) *The Rhythm of English Prose*, Oxford, England: Basil Blackwell.
Crystal, David (2003) *English as a Global Language*. Second edition, Cambridge: Cambridge University Press.
Derwing, Tracey M. and Murray J. Munro (2015) *Pronunciation Fundamentals: Evidence-based Perspectives for L2 Teaching and Research*. Vol. 42, Amsterdam: John Benjamins Publishing Company.
Foote, A. Jennifer, Amy K. Holtby and Tracey M. Derwing. (2012) "Survey of the Teaching of Pronunciation in Adult ESL Programs in Canada, 2010." *TESL Canada Journal* **29**(1): 1-22.
Gilbert, Judy B. (2005) *Clear Speech: Pronunciation and Listening Comprehension in North American English Teacher's Resource Book*, New York: Cambridge University Press.
Graham, Carolyn (1978) *Jazz Chants: Rhythms of American English for Students of English as a Second Language*, New York: Oxford University Press.
Hahn, Laura D. (2004) "Primary Stress and Intelligibility: Research to Motivate the Teaching of Suprasegmentals." *TESOL Quarterly* **38**(2): 201-223.
Halliday, Michael A. K. (1967) *Intonation and Grammar in British English*, The Hague: Mouton.
Huggins, A. William F. (1972) "On the Perception of Temporal Phenomena in Speech." *The Journal of Acoustical Society of America* **51**: 1279-1290.
Jenkins, Jennifer (2000) *The Phonology of English as an International Language*, Oxford, England: Oxford University Press.
Just, Marcel A. and Patricia A. Carpenter (1980) "A Theory of Reading: From Eye Fixation to Comprehension. *Psychological Review* **87**: 329-354.
Kachru, Braj B. (1985) "Standards, Codification and Sociolinguistic Realism: The English Language in the Outer Circle." In: Quirk Randolph and Henry G. Widdowson (eds.) *English in the World: Teaching and Learning the Language and Literatures*, Cambridge: Cambridge University Press, 11-30.
Kawai, Kazue (2014) "Effects of Chant Practice on Acquisition of Stress-Timed Rhythm: A Comparison of Three English Proficiency Levels." *Tohoku TEFL* **5**: 12-26.
Kenworthy, Joanne (1987) *Teaching English Pronunciation*, London: Longman, 149-152.
Lehiste, Ilse (1972) "The Timing of Utterances and Linguistic Boundaries." *The Journal of Acousti-*

cal Society of America, 2018-2024.

Lehiste, Ilse (1977) "Isochrony Reconsidered." *Journal of Phonetics* **5**: 253-263.

Morley, Joan (1991) "The Pronunciation Component in Teaching English to Speakers of Other Languages." *TESOL Quarterly* **25**(3): 481-520.

Munro, J. Murray and Tracey M. Derwing (1995) "Foreign Accent, Comprehensibility, and Intelligibility in the Speech of Second Language Learners." *Language Learning* **45**: 73-97.

Munro, J. Murray (2011) "Intelligibility: Buzzword or Buzzworthy." In: John Levis and Kimberly LeVelle (eds.). *Proceedings of the 2nd Pronunciation in Second Language Learning and Teaching Conference.* Ames, IA: Iowa State University, 7-16.

Murphy, John M. (2003) "Pronunciation." In: David Nunan (ed.), *Practical English Language Teaching,* New York: McGraw-Hill/Contemporary, 111-128.

Nagasawa, Kunihiro (1994) "An Analytical Approach to Teaching Pronunciation to Japanese Adult Learners of English." *JACET Bulletin,* **25**: 93-104.

Nakatani, Lloyd H., Kathreen D. O'Connor and Carletta H. Aston (1981) "Prosodic Aspects of American English Speech Rhythm." *Phonetica,* **38**: 84-105.

Nazzi, Thierry, Josiane Bertoncini and Jacques Mehler (1998) "Language Discrimination by Newborns: Toward an Understanding of the Role of Rhythm." *Journal of Experimental Psychology: Human Perception and Performance,* **24**(3): 756.

Pennington, C. Martha (1989) "Teaching Pronunciation from the Top Down," *RELC Journal,* **20**(1): 20-39.

Pike, Kenneth L. (1945) *Intonation of American English,* Ann Arbor: University of Michigan Press.

Scovel, Tom (1969) "Foreign Accents, Language Acquisition, and Cerebral Dominance." *Language Learning,* **19**(3-4): 245-253.

Szpyra-Kozłowska, Jolanta (2014) *Pronunciation in EFL Instruction.* Vol. 82, Bristol, UK: Multilingual Matters.

第2章 英語教育と語彙習得研究

相澤一美

2.1 英語の語彙と日本語

2.1.1 語彙能力の重要性

「語彙」とは，一つの言語体系で用いられる「単語」の総体のことである．単語は，文構成の最小単位であり，特定の意味や文法上の機能を有するものである．一方，「語意」は言葉の意味のことであり，語意習得は意味を習得する場面で使用されることが多い．本章は，外国語としての英語の単語の諸要素を含む総体を習得するプロセスをテーマとするため，以下語彙と表現することにする．

外国語を習得するうえで，語彙を学習する重要性はいうまでもない．語彙をある程度知っていなければ文章も読むことも，自分の真意を相手に正確に伝えることもできない．書き手の意図を読み解いたり，自分の真意を表現したりするのは，豊富な語彙があって初めて可能となる．言語習得の研究分野で，語彙が特に重視されてきた理由は二つあると考えられる．

第一に，カナール（Canale 1983）が指摘するように，第二言語のコミュニケーション能力（communicative competence）を記述したモデルで共通するのは文法的能力（grammatical competence）であり，その中核となるのが語彙知識（vocabulary knowledge）だという事実である．日本語の母語話者の場合，英語の学習を開始してから単語を1語ずつ覚えるが，その数がコミュニケーション能力を左右するといっても過言ではないだろう．例えば，リーディングの場合では，第二言語学習者のリーディング能力と語彙能力の相関が0.73から0.91と非常に高いことをグラーベ（Grabe 2008）は過去の研究で示している．

第二に，語彙は4技能すべてに関わっていることである（表2.1参照）．一般に語彙知識は，受容語彙（receptive vocabulary）と発表語彙（productive vocabulary）に分けられ，音声を伴う場合（リスニング，スピーキング）と，文字を伴う場合（リーディング，ライティング）に大別される．受容語彙は，リーディングやリスニングの活動で出会ったときに意味を理解できる単語を，発表語彙はスピーキン

表 2.1 語彙知識と4技能の関係

	受容語彙	発表語彙
音声言語	リスニング	スピーキング
文字言語	リーディング	ライティング

表 2.2 言語学習環境と学習困難度（リングボム，1987）

	外国語学習	第二言語習得
L1 と関連あり	－ ＋	＋ ＋
L1 と関連なし	－ －	＋ －

グやライティングで使用できる単語をそれぞれ指す．最近では，active vocabulary や passive vocabulary もほぼ同義に用いることもある．これまで受動的と考えられてきたリスニングやリーディングのスキルも，学習者の主体的な要素が含まれていると考えられるようになってきたためである（2.3.3 項）．

2.1.2 英語の学習環境

近年，国内でも語彙習得や語彙指導に関する研究が増え，英語教育学の研究の一分野として確立されてきた．しかし，研究は進んできたが，研究の成果が指導に十分に生かされてきたとはいえない．その原因として，2つが考えられる．まず，日本における英語の学習環境である．英語を学習するのは，教室内に限られる場合が多く，教室は擬似的な英語の環境である．教室を一歩出ると，日本の言語環境となり，英語を直接的に使用する機会がほとんどない．

次に，日本語が英語の言語構造から最もかけ離れた言語の1つと考えられることである（高梨，2009）．例えば，日本人の Test of English as a Foreign Language (TOEFL) の平均点は，世界で最も低い国の1つとして挙げられる．しかし，これは英語教育がうまくいっていないというよりも，日本語と英語の言語構造の違いによるものと思われる．

リングボム（Ringbom 1987）は，言語学習環境と言語の類似性を表 2.2 のように記述している．表中の「＋」は言語学習に有利な状況を，「－」は不利な状況を表している．

言語学習では，「L1 と関連あり」と「L1 と関連なし」の2つに分かれる．「L1 と関連あり」は，ドイツ語やオランダ語などで，英語と類似した言語のことであ

る．言語学習の環境では，日本のように日常生活では英語がほとんど使われていない「外国語学習」の場合と，米国の移民のように日常生活で自然な環境で英語が使われている「第2言語習得」の場合がある．日本における英語学習は，「L1と関連なし」の言語を「外国語学習」しているため，「不利な学習環境」に該当する．日本語と英語の類似性として唯一挙げられるのは，カタカナ英語（English loanword cognate）だけであろう．

2.1.3　日本語のなかの英語の語彙

今日の新聞やテレビなどのメディアでは，カタカナ語が多く使用されている．カタカナ語が多用されるようになった理由は2つ挙げられる．1つは，日本を取り巻く環境がますますグローバル化し，他の国々と交流の機会が加速度的に増えてきたことである．そのため，カタカナを使って，外来語を表現する機会が増えてきたのである．もう1つは，カタカナ語を宣伝やメディアで使用することが西洋的な洗練された印象を与えることである（スタンロー 2004；バックハウス 2007）．特にテレビのコマーシャルでは，新製品のほとんどがカタカナで表記される．この傾向は，今後ますます顕著になっていくと予想される．

カタカナ語の増大は，数量的にも示されている．国立国語研究所の1964年の調査では，雑誌90種類の1年分の語種を調査した結果，延べ語数で和語（53.9％），漢語（42.3％），外来語（2.9％）であった．しかし，1994年の同様の調査では，外来語は33.8％にも及んでいると伝えられている（ドールトン 2008）．今日では，この割合がさらに増大していると思われる．

カタカナ英語は外来語の1つと考えられるが，その定義は曖昧のまま用いられることが多い．柴崎ら（2007）は，カタカナ英語を明快に定義している（図2.1）．カタカナで表記される外来語には，英語，フランス語，ドイツ語，その他の言語を語源とする語がある．英語を語源とする外来語には，カタカナ英語と和製英語（made-in-Japan English）の2つがある．一般に，カタカナ英語は，英語から意味や発音の変化を伴いながらも，英語と類似した日本語の意味や発音で用いられる．しかし，場合によっては英語本来の意味を逸脱し，日本語で独自の意味をもつ和製英語の例もある（ドールトン 2008）．

以上の理由で，母語と目標語の類似性を言語学習に積極的に活用することを推奨する提案（リングボム 2007）がある．さらに，ドールトン（Dauton 2007）は，高頻度3000位までの語の45.2％がカタカナ英語であると報告している．しかし，

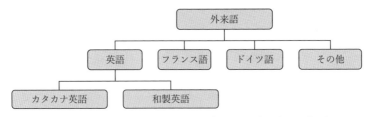

図 2.1 カタカナ英語と和製英語の関係（柴崎ほか（2007）から作図）

まだ具体的な指導法の提案にまでは至っていない．

日本語の中の英語を起源とするカタカナ語と英語本来の単語の意味の関係は，以下の5つの範疇があると紹介されている（奥津 2002 など）．

(a) 英語のほうが意味範囲の広いもの

	共通する意味	英語での他の意味
stove	ストーブ	コンロ
channel	チャンネル	海峡
quiz	クイズ	小テスト
garage	ガレージ	自動車修理工場

(b) 英語の単語を省略したもの（省略）

日本語	英語
インフレ	inflation
ミス	mistake
ロケ	location
コネ	connection

(c) 英語と日本語が混じっているもの（混種語）

日本語	英語
タイムレコーダー	time clock
オーダーメイド	custom-made
モーニングコール	wake-up call
サイドミラー	wing mirror

(d) 英語の本来の意味と異なるもの（転用）

日本語	英語	英語（本来の意味）
マンション	mansion	大邸宅
コンセント	consent	同意
スマート	smart	利口な
リンス	rinse	すすぐ

(e) 和製英語

日本語	英語
ワンルームマンション	studio apartment
ガソリンスタンド	petrol station, gas station
ゴールデンタイム	prime time
フリーダイヤル	toll-free

2.2 語彙の習得

2.2.1 母語の語彙習得プロセス

母語における語彙習得プロセスは，どのようになっているだろうか．エイチソン（Aitchison 2003）は，ラベルづけ（labelling），箱詰め（packaging），ネットワーク構築（network building）の3段階で説明している（pp. 188-199）．以下，概略を示す．

①ラベルづけ（labelling）
赤ちゃんが「papa, mama」といったとしても，赤ちゃんはまだそのような音を言葉と結びつけられるほど発達しているわけではない．単に，音を出しているだけである（特にpやmの音は両唇を使用する両唇閉鎖音なので，産出しやすい）．
1歳から2歳の間にラベルづけ段階に到達する．これは，物には名前があるということを理解し，様々なものに名前をつけることによって始まる．例えば，大人がアヒルを指して「アヒル」といい，子どもがその言葉を習得するという事例である．しかし，ラベルづけの発達スピードは子どもによって異なる．

②箱詰め（packaging）
"penguin"という単語をただ1つのおもちゃのペンギンに使うのと，様々な種類のペンギンに対して使うのとでは，まったく使い方が異なる．例えば，「犬らしい」ものとは「4本足」と認識している場合，シマウマや牛なども「犬らしい」と考える．しかし，子どもは徐々にそれぞれの区別ができるようになる．
子どもには，普通使われているよりも単語を広く捉えてしまうことがある．これを過剰拡張（overextension）と呼ぶ．例えば，"hat"を頭につけるものすべてに使うなどといったことである．反対に，自分の家の猫だけを「ニャー」と呼び，他の猫をその名前で呼ばないこともある．このように，その語が指し示すものより狭く捉えてしまうことを過剰縮小（underextension）という．過剰拡張と過剰

縮小は幼児にはよくみられる現象で，言葉の指し示す概念が大人に比べ十分に分化していないことから起こるものである．

③ネットワーク構築（network building）

単語は他の単語と意味的なまとまりをもつ．例えば，"horse" は "animal" ではないと考えているとすれば，馬が動物というカテゴリーに包含されることを知らないためである．なぜなら，子どもには，1つのものに対して1つ以上の名前をつけることに抵抗があるからである．大人は関連のある語を連結することができるが，子どもにとっては難しいのである．

ネットワーク構築がゆっくりとしか進まないのは，big, tall, fat, high などの似たような単語や big-small のような対義語の獲得をみてもわかる．似たような単語は混同して使用したり，対義語は対になっている語のどちらかをもう片方より早く獲得したりする（例えば，fat, high, long は thin, low, short よりも早い）．

同義語よりもむしろコロケーション（eat と table など）のほうが早く獲得され，しだいに単語の連結が大人のものに近づいていく．こうして品詞という概念と共に単語が組織化され，単語を区分する基準を発見していく．

語彙を学習し，その語彙の意味や知識を増やしていくには，このようなネットワークの構築が重要である．

2.2.2 外国語における語彙習得プロセス

第二言語習得の場合は，母語の場合とは異なったプロセスを経て習得がなされる．ハッチとブラウン（Hatch and Brown 1995）は語彙知識が徐々に増えていく現象をモデル化して，5段階のプロセスを提唱している．第一段階は「新しい単語に出会う段階」，第二段階は「語形を理解する段階」，第三段階は「語の意味を理解する段階」，第四段階は「記憶に残っている語形と意味を統合する段階」，第五段階は「単語を使ってみる段階」である．

母語と第二言語習得で大きく異なる点は，学習者が「概念」と「母語でその概念を表す単語」をすでに知っているということである．第二言語の場合は，まず出会った単語の1つの意味を獲得し，その語の意味に相当する母語の単語の意味情報を目標語に転移させていると考えられている．だからこそ，第二言語習得における母語の影響や，語彙ネットワークという観点からの研究が重要なのである．

今井・針生（2014: 334-335）は，外国語学習者の場合と，母語を学習する子どもの場合との違いを詳細に説明している．大きな違いは，規則や定義を実際に使

うことの難しさがあると主張している．母語の場合は，文法や単語の意味を事例から自分で発見し，創り上げる．それに対して，外国語の場合は教師やテキストに教えてもらうことから始まる．母語のように自分で事例から創ったのではなく，外から与えられた規則や定義をどの事例に当てはめられるのかを判断するので，第二言語の習得は容易ではないのである．

2.2.3 メンタルレキシコン

記憶のなかで特に語彙情報が蓄えられている部分を表すメタファーとして，メンタルレキシコン・心内（心的）辞書（mental lexicon）という用語が用いられてきた．心内辞書に記載されている内容は，語彙エントリー（lexical entry）と呼ばれる．これらの情報内容は，人間の情報処理システムで利用できる形式に符号化（coding）され，長期記憶に貯蔵されている（御領 1998）．さらに，単語が視覚的に提示されると，その情報は符号化の段階を経て心内辞書に到達し，既に蓄えられている情報と照合され，意味などの必要な情報が抽出される．このプロセスを，語彙アクセス（lexical access）と呼んでいる．

語彙アクセスには，視覚的符号化の後，音声的符号化を経ずに直接アクセスされるという説（＝直接的語彙アクセス）と，視覚的に提示された単語でも必ず音声的な符号化を行ったうえでアクセスされる（＝間接的語彙アクセス）という説の二つがある（御領 1998）．従来の語学教育では，語彙アクセスには音声的な符号化を行っている場合が多いとして，間接的な語彙アクセスが支持されてきた．

2.2.4 長期記憶と短期記憶

単語の記憶には，短期記憶（short-term memory），ワーキングメモリ（working memory），長期記憶（long-term memory）の3つが関与していることが知られている．短期記憶は，20～30秒間，7単位程度の情報を保持する記憶現象である．例えば，電話番号のようなもので，繰り返さないと忘れてしまう．

ワーキングメモリは，長期記憶から取り出した情報や外部からの情報などを同時に処理する作業領域に対応した記憶領域である（苧坂 2002）．この記憶は，発声をほとんど伴わない繰り返しである音韻ループ（articulator loop）と視空間的な情報の保持を担う視空間的スケッチパッド（visuo-spatial sketchpad）の2つの従属システムと，それらを制御する中央実行系（central executive）があると仮定されている．このなかで語彙学習に最も関連があるのは音韻ループであり，音韻

ループに情報を貯蔵する能力が言語を学習する能力の決定的な要因になっているといわれている（苧坂2002）．

長期記憶は，ワーキングメモリとは異なり，膨大な容量があり，一度蓄えられた情報は長期間貯蔵される．しかし，同じ長期記憶のなかにも，すぐに忘れてしまうものから決して忘れないものまで，情報の保持には差があるといわれている．

単語の情報は，短期記憶で処理されて，ワーキングメモリを経由し，長期記憶で保持される．記憶に関する研究の結果，単語の学習に関連があるいくつかの原則（例えば，繰り返し，認知的な深さ，イメージ化，動機づけなど）が報告されており，語彙指導や教材作成に生かされている．

2.2.5 顕在記憶と潜在記憶

学習者は，日々様々な単語に接触している．その単語のなかには，よく知っている単語，部分的に知っている単語，一度見ただけの単語などがあり，親密度や熟知度は単語によって異なる．しかし，それらの単語に接触する頻度が多くなればなるほど，その単語に対する記憶痕跡が強化され，部分的な単語の知識が少しずつ発展し，心的辞書の形成に役立っていることは間違いない．

言語習得には，顕在記憶と潜在記憶の二つが関係しているといわれている（寺澤ら2006）．顕在記憶は，一般的に「記憶」といわれ，短期間で思い出せなくなる（単語の小テストの一夜漬けなど）．もう一つは潜在記憶といわれ，自覚しないまま脳に長期間残っている記憶である（実力テストなど）．英語教育現場では，この違いについて注目して指導法が検討されることはほとんどなかった．

現在，注目されるのは，寺澤ら（2006）が研究している潜在記憶を活用した語彙学習である（寺澤ら2006）．紙面の都合から詳細は割愛するが，突き詰めていえば「チェックリスト方式」である．最初に単語と意味を提示して，学習者がそれを学習する．学習の数週間後，今度はその単語の記憶に対して自己評定を「3 良い」「2 もう少し」「1 だめ」「0 全くダメ」の4段階で行う．次の段階では，覚えられなかった単語が優先的に提示され，同様に手順を繰り返していく．一見単純ではあるが，チェックリストによってごくわずかの学習成果を潜在記憶に蓄積していき，やがてそれが膨大な数の単語の習得に結びつくというものである．チェックリスト方式の単語学習のために単語の意味のみの学習という限界もあるが，ゲーム感覚で楽しく語彙の復習ができるだろう．この方法論に準じたDSソフト（寺澤2007）も市販されている．同様の方法は，単語カードを使っても実現可能

である．

2.3 語彙知識の記述

2.3.1 単語を知っていること

「語を知っていることは何を意味するか」という根本的な問題は，正面からあまり議論されてこなかった．最近では，語彙知識を数量的に推定し，いわゆる語彙サイズによって英語コミュニケーション能力を推定する研究が多くみられる．しかし，これらの研究では，「単語を知っていること」を単純化した便宜的な事例がほとんどである．例えば，英単語を母語に訳せるか，多肢選択のなかから適当な訳を選べるかなどである．しかし，英語を母語に翻訳できる力と，複数の選択肢から単語の正しい意味を選択できる力には大きな違いがある．さらに，英文のなかで使われた単語の意味を問われる場合と，単語のみを与えられて意味を問われる場合でも，正解できる項目数が異なる．つまり，単語を知っていることは，「知っている状態」と「知らない状態」の二分法で簡単に分けることは不可能なのである．

2.3.2 語彙知識の広さと深さ

語彙知識は，広さと深さという2つのメタファーで区別されてきた（アンダーソンとフリーボディー Anderson and Freebody 1981）．語彙知識の広さは，知っている単語の数である．知っている単語数が多ければ多いほどテキストの使用語の既知語の割合が高くなり，リーディングやリスニングでの理解の障害が軽減すると考えられる．一般に，テキスト理解のためには95%のカバー率が必要だといわれている．アカデミックなテキストでカバー率を95%にするには，ワードファミリー（word family）換算で3,000語が，レマ（見出し語）換算で5,000語がそれぞれ必要である（ラウファー Laufer 1997; 1992）．

一方，語彙知識の深さは，単語をどのくらい深く知っているかである．例えば，単語の意味，用法，発音，綴り，連想などが挙げられる．語彙知識の深さを知る手段として，心内辞書にある単語のネットワーク構成を調査するのが主流である．単語のネットワーク構成とは，単語が意味を中心に階層的に組織された構造体であるとする考え方である．ミーラ（Meara 1996）は，語彙能力（lexical competence）は話者のもつ単語の知識の総体ではなく，コロケーション，文法，語連想などの

単語の知識の要素が相互に結ばれた複雑な構造をしていると主張している.

語彙知識の広さ,深さに関連して,どちらも車の両輪のように思われる.しかし,ミーラは,ある一定のレベルまでは語彙知識の広さが重要で,それ以降は語彙知識の深さを重視することを主張している.その境界は,5,000語から6,000語の間のどこかであると推定される.仮にレマ換算で5,000語と仮定すると,アカデミックなテキストを読むために5,000語が必要というラウファー (Laufer 1997) らの主張と一致する.以上の点から,「5,000語の語の形と意味の結び付きを強化すること」を最優先の課題とするのは妥当であると思われる.

単語の広さと深さを網羅的に記述したのは,ネーション (Nation 2001) である.彼は,リチャーズ (Richards 1976) の枠組みを発展させ,語彙知識を表2.3の通り記述している.まず,単語は「語形と発音」,「意味」,「使用」の3つに大別される.さらに「語形と発音」は,「話し言葉」,「書き言葉」,「語構成」に,「意味」は「語形と意味」,「概念と指示物」,「語連想」に,「使用」は「文法的機能」,「連想」,「使用の制限」の3つの領域にそれぞれ分けられる.さらに各領域は,受容

表2.3 語彙知識の記述 (Nation 2001: 27 より翻訳)

語形と発音 (form)	話し言葉 (spoken)	R	その語はどのように聞こえるか
		P	その語をどのように発音するか
	書き言葉 (written)	R	その語はどんな語形をしているか
		P	その語はどのように綴られるか
	語構成 (word parts)	R	その語の中でどの部分が認識できるか
		P	その語の意味を表すためにどの部分が必要か
意味 (meaning)	語形と意味 (form and meaning)	R	その語はどんな意味を表しているか
		P	その意味を表すためにどんな語形を使用できるか
	概念と指示物 (concept and referents)	R	その概念には何が含まれるか
		P	その概念をどんなことばで言及するか
	語連想 (associations)	R	その語はどんな語を連想させるか
		P	その語の代わりにどんな語を使えるか
使用 (use)	文法的機能 (grammatical functions)	R	その語はどんな文型で使用されるか
		P	その語をどんな文型で使用しなければいけないか
	連語 (collocations)	R	その語といっしょにどんな語が使用されるか
		P	その語とどんな語をいっしょに使用しないといけないか
	使用の制限 (constraints on use)	R	その語をいつどこでどのくらい頻繁に目にするか
		P	その語をいつどこでどれくらいの頻度で使用できるか

語彙としての側面（R）と発表語彙としての側面（P）に二分される．合計すると18の要因に細分化される．しかし，1つの単語について，18の要因をすべて完璧に満たすことは，母語話者でも困難である．

　世界的に利用されている語彙テストは，どの要因を測定しているだろうか．例えば，ネーション（Nation 2001）の Vocabulary Levels Test（VLT）は「意味」の「語形と意味」のうちの受容的知識を，ミーラ（Meara 1992）の EFL Vocabulary Test（EFL Test）は「形」の「書き言葉」のうちの受容的知識を，それぞれ測定していると考えられる．一般に EFL Test は「目標語の再認ができるかどうか」を，VLT は「目標語の意味」をそれぞれ試していると定義できるので，VLT のほうがより深いレベルの語彙知識を測定していると考えられる．そのため，2つのテストで推定される学習者の語彙サイズは自ずと異なるはずである．

　また，それぞれの語彙知識の要因は，発達段階によっても，重みが違ってくると思われる．例えば，小学校で英語活動を始めた児童にとっては，単語の発音を聞いて意味を理解することは重要だが，単語を正しく綴ることは求められていない．また，carp や lemon などの語や a piece of cake などの句の含意することを，小学校で英語活動を始めた児童に説明しても効果がないと思われる．その一方で，これらの語の表現は，英米文化を深く理解するためには必要となることもある．

2.3.3　受容語彙と発表語彙

　一般に語彙知識は，受容語彙と発表語彙の2種類に分けられる（ネーション 2001）．受容語彙の特徴は，はっきりと覚えていなくても，手がかりが何かあると意味に到達できる可能性がある．例えば，語彙サイズテストの場合，選択肢があるために，うろ覚えであった単語の意味を思い出して正解できる場合がある．また，単語を語幹や接辞に分け，意味を類推できることもある．さらには，例文で示されると，文脈が手がかりとなって意味を思い出すこともある．

　発表語彙は，語形と発音（form）と意味（meaning）の結び付きが確立していなければならない．綴りや発音が正確でない場合，初学習者や教養がない人とみなされたりすることもある．

　受容語彙と発表語彙は，二分法で分けられない．例えば，ある単語を特定の意味で発表語彙として使うことができても，別の意味では受容語彙として定着していない場合もある．この場合，受容語彙としての知識と発表語彙としての知識は，それぞれ独立しているのではなく，互いの知識を部分的に補完している．このよ

うに，受容語彙から発表語彙までにはいくつかの段階があり，学習経験とともに発表語彙に発展的に変化すると考えられている．

以上のように，その単語が比較的不完全な知識の受容語彙の状態から，正確に使えるようになるまでの状態に，徐々に移行していると考えられる．言い換えれば，単語の部分的な知識が，全体的な知識に広がっていくと思われる．

受容語彙がどのようなプロセスを経て発表語彙として使用できるようになるかは，明らかになっていない点が多い．特に，すべての単語が受容語彙から発表語彙へと同じような発達段階を経ているとは限らない可能性がある．例えば，ある単語は受容語彙の状態にとどまったり，ある語はすぐに発表語彙として使用できたりする事例もみられる．

メルカ（Melka 1997）は，先行研究を概観した結果，語彙の受容知識と発表知識はいくつかの段階からなる連続体をなしていて，学習経験とともに発表語彙に徐々に発展的に変化すると説明している．また，受容語彙か発表語彙かは，学習者がその語に持つ親密度の問題であること，受容語彙と発表語彙の知識はそれぞれ独立して存在するのではなく，互いの知識を部分的に補完し合っていること，の2点を主張している．さらに彼女は，先行研究を分析した結果，受容語彙から発表語彙への質的変化の段階として，「模倣・理解を伴わない再生」「理解」「理解を伴った再生」「産出」の4段階が共通する場合が多いと結論づけている．

一方，ヘンリクセン（Henriksen 1999）は，ミーラが提唱した語彙知識の大きさ（size）と語彙知識の構成（organization）の2次元の語彙能力モデルを拡充し，「不完全から完全な理解への次元」「語彙知識の深さの次元」「受容・発表的能力の次元」の3次元の発達過程のモデルを提案している．

(1) 不完全から完全な理解への次元

曖昧な語彙知識から，完全で正確な語彙知識に至る次元．学習者の語彙知識は，語を認知できる状態から，断片的な知識の状態を経て，完全に理解できる状態へと発展する．しかし，母語話者でさえもすべての語を完全に理解しているわけではなく，発展途上にある語が多い．この点を考慮すれば，L2の学習者が語の完全なレベルの理解に到達することは困難であるといえる．

(2) 語彙知識の深さの次元

単語の意味的関係や統語的関係，品詞，頻度などについて，どれくらい深く知っているかの次元．同じ語でも，何度も出会っていくうちにその単語の意味や統語的関係などの知識を深めていき，語彙知識のネットワークを確立していく．こ

の次元の語彙知識は，語連想テスト（word association test）などによって測定される．

(3) 受容・発表的能力の次元

単語を受容的に知っているか，発表的に知っているかについての次元．受容語彙と発表語彙は明確な線引きができるわけではなく，親密度が増すにつれて徐々に受容語彙から発表語彙へと変容していくと考えられる．しかし，どの時点から受容語彙が発表語彙に変わると決定できるかは曖昧で，語の知識は，発表的知識と受容的知識が混在していることが多い．

2.4 語彙学習

2.4.1 単語の数え方

「大学入試にどれくらいの語数が必要か」は，昔から問われてきた．教師の経験から，3,000語から5,000語が必要と漠然と考えられてきた．しかし，この疑問に答えるには，前提条件として解決しておかなければならない問題がある．それは，単語の数え方である．単語の定義を明確にしないと，語数の議論はできない．一般的に，辞書の見出し語であれば1語と換算することが多いが，見出し語の定義は辞書間でも一致するとは限らない．

バウアーとネーション（Bauer and Nation 1993）は，単語を表2.4の通り7つのレベルに分類し，Level 4を超える語をワードファミリーで1語と換算している．表2.5はLevel 3およびLevel 4に属する接辞であるが，これらの接辞が付いても，

表 2.4 接辞のレベル（Bauer and Nation 1993）

Level 1	Each form is a different word
Level 2	Inflectional suffixes
Level 3	The most frequent and regular derivational affixes
Level 4	Frequent, orthographically regular affixes
Level 5	Regular but infrequent affixes
Level 6	Frequent but irregular affixes
Level 7	Classical roots and affixes

表 2.5 word family に含まれる Level 3 および Level 4 の接辞

Level 3	-able, -er, -ish, -less, -ly, -ness, -th, -y, non-, un-
Level 4	-al, -ation, -ess, -ism, -ist, -ity, -ize, -ment, -ous, in-

表 2.6　accept の語数の換算

word family	word family に含まれる語	JACET 8000
accept	accept	accept
	acceptability	
	acceptable	acceptable
	unacceptable	
	acceptance	acceptance
	accepted	
	accepting	
	accepts	

同じ 1 語として扱っている．

　表 2.6 は，ワードファミリーという概念での語数，ワードファミリーに含まれる語形や派生語，「JACET 8000」で見出し語になっている accept を具体例にして示してある．ワードファミリー換算では 1 語であるが，8 つの語形や派生形が含まれ，「JACET 8000」では 3 つの見出し語となる．最も少ないワードファミリーによる換算の語数は 1 語で，実在する語形や派生形をすべて含む場合の語数は 8 語と，大きな違いがある．

　大学入試に必要な語数が 3,000 語から 5,000 語と幅が大きいのは，単語の換算方法によるずれが一因である．

2.4.2　カバー率

　授業で扱う教材に新しい単語が出てくると，辞書で意味を調べさせたり，発音練習をさせたり，スペリングを覚える練習をさせたりする．しかし，生徒は教材に出てくる単語をすべて覚える必要があるだろうか．教師が何か工夫をして，生徒が最小限の努力で効率的に学習する方法はないだろうか．

　日本の英語学習者用に開発された「JACET 8000」のリスト（大学英語教育学会基本語改訂委員会，2003）を使って，具体的に考えてみよう．JACET 8000 はブリティッシュ・ナショナル・コーパス（British National Corpus）を利用して開発されているので，単語数は見出し語で換算している．

　図 2.2 は，ある年度の大学入試センター試験の読解問題（大問 4 から 6）と実用英語検定試験の 2 級，準 2 級の英文読解問題の英文を，JACET 8000 で分析した結果である（相澤 2010）．Y 軸はレベル別の語彙のカバー率，X 軸の 1 から 8 は JACET 8000 の 1,000 語刻みのレベルを表している．例えば，Level 1 であれば，順

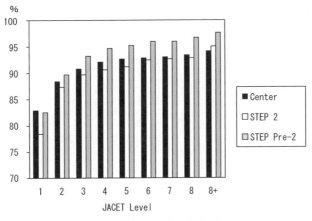

図 2.2 英文テキストのカバー率

位が 1 位から 1,000 位の単語に相当する.「8+」は,8,000 語を超えるレベルを表している.どの英文にも短縮形,単語以外の文字列,固有名詞などが 3〜4%含まれているので,8+ までを累積してもカバー率は 100%にはならない.

これら 3 種類の読解問題は,ほぼ同じようなカバー率の傾向を示していることが読み取れる.すなわち,1,000 語レベルで 80%前後,2,000 語レベルで 90%弱,3,000 語で 95%弱となる.3,000 語レベルを超えると,カバー率の割合の増加が緩やかになる.

一般に,3,000 語が高校段階での目標になっているが,大学入試センター試験の読解問題の英文は,短縮形,単語以外の文字列,固有名詞をすべて知っていると仮定すると,カバー率は 95%から 97%となる.

たくさん語彙を学習して,カバー率を 100%まで高くすることはできないだろうか.実は,どんなテキストでもトピックに関連する情報を盛り込むために,最低限の低頻度の語彙がどうしても必要になる.これらの特殊な語彙は,テキスト全体からみると数は少ないが,トピックの内容を伝達するために必要なのである.

2.4.3 語彙知識と頻度

学習者のレベル別の語彙知識はどのようになっているだろうか.図 2.3 は,ある大学の学生を対象に,JACET 8000 の語彙をどの程度知っているかを多肢選択式で測定した結果である(Aizawa 2006).

問題テキストのカバー率とはほぼ正反対の,右肩下りの結果が得られた.正答

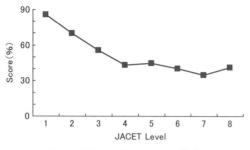

図 2.3 語彙テストのレベル別平均点

率は，Level 4 までほぼ直線的に下がり，Level 5 以降はほぼ横ばいとなった．レベルの異なる他の大学でも追試をしたが，正答率は異なっても，正答率の曲線はほぼ同じパターンとなった．この結果から，学習者の語彙知識は，Level 4 までは頻度レベルと比例することが明らかになった．テキストカバー率と語彙テストのレベル別平均点から，JACET 8000 の 4,000 語レベルまでの語彙学習が当面の到達目標といえるだろう．

以上の頻度別語彙テストの結果から，学習目標として 5,000 語レベルまでの語彙の学習を徹底し，その後に専門分野の語彙を学習した方がよいという推測が可能となる．さらに TOEFL の受験レベルであれば，Aizawa and Iso (2008) は，5,000 語に専門用語をプラスした 6,500 語が一つのガイドラインであると示している．

2.4.4 学習の難しさの要因

語彙の学習を難しくする要因として様々な原因が考えられるが，一般的には音韻的要因，文法的要因，意味的要因の 3 つが挙げられる．

音韻的要因は，日本語との音声的類似性があるか，音素配列に規則性があるか，強勢や発音と綴りが一致しているか，などである．音韻的な難しさは，学習者がその単語に出会って単語情報を符号化する時点ですでに困難が生じるため，記憶に残りにくくなる．

文法的要因は，屈折形・派生形に規則性があるか，形態素の意味の明確さがあるか，などである．特に，母語と異なる文法概念の場合は，混乱が生じる．日本人学習者の場合は，名詞の数の概念や冠詞の使用などが，特に困難であると指摘されてきた．

意味的要因は，意味の普遍性，言語使用域（register）の中立性，意味の一義性

などである．例えば，数や月を表す単語は意味が限られているが，多義語の場合には複数の意味が存在するため，語義の理解までには時間がかかる．

その他の要因として，「単語の長さ」，「品詞」，「具体性・抽象性」などの要因も挙げられる．特に品詞に関する難易度の研究は多く，名詞や動詞が形容詞や副詞よりも容易であると報告されてきた．しかし，品詞，単語の長さ，具体性・抽象性などが必ずしも統制されているとは限らず，一般化は難しい．

2.4.5 繰り返しの効果

単語に何回出会えばその単語の意味を覚えられるかは，昔から取り組まれてきた研究課題である．古典的な研究では，内容理解のためのリーディング活動において，ある語の意味を無意識のうちに学習するまでには，6回の繰り返しが必要であると報告されてきた．

近年では，より厳密な条件での実験結果が報告されている．ロット（Rott 1999）は，目標語がテキストに出てくる回数を2回，4回，6回に統制して，語彙学習に及ぼす効果を調査した．その結果，2回と4回の繰り返しの効果にはあまり違いが見られず，6回になるとその効果が有意に高くなることを報告している．彼女の結論は，先行研究の結論を裏づけている点では興味深い．しかし，繰り返しの回数が6回までで，それ以上の回数を調査していないこと，実験で使用した目標語の数（名詞，動詞各6語）が限られていること，などの限界もある．

ザハールら（Zahar et al. 2001）は，テキストに目標語が出てくる回数と学習者の語彙力が，語の学習量に及ぼす影響を調査している．調査の結果，語彙力の低い学習者ほど単語の頻度の回数とテストの得点の相関が高いことが明らかになった．さらに，事後テストで正答が多かった単語は文中での頻度も高く，正答の多い語で7回，正答が少ない語で2.75回が平均の頻度だったと報告している．

以上の結果は，実験に使用した個々の単語ごとの難しさが統制されていることを前提としており，すべての語で同じ結果になるとは限らない．さらに，テキストに6回以上使用されていれば目標語を偶発的に学習できることを保証するものでもない．しかし，できるだけインプットの量を増やして，繰り返し目標語に出会う機会を与えること，繰り返しが不足する場合は他の活動で頻度の不足を補うなどの工夫が必要，などの教育的示唆が読み取れる．

2.5 語彙をどう学習させるか

2.5.1 語彙選択

効率的に語彙を学習させる一つの手段は，学習する語彙数をできるだけ絞り込むことである．学習すべき語彙は，どの分野にも共通する「基本語彙」と法律，経済，工学，農学，人文科学などの専門分野で使われる高頻度の「専門分野の語彙」に分けられるだろう．

基本語彙として，例えば高校入試の場合は「JACET 8000」の 1,000 語レベルを，大学入試の場合は 4,000 語レベルまでの頻度の語を挙げることができる．実際には，頻度順の関係でこのなかに含まれなかった語彙「Plus 250」が含まれるので，高校入試で 1,250 語，大学入試で 4,250 語となる．

高頻度の単語の完全学習を目指したほうがよい理由は，単語の生起頻度という視点である．例えば，environment と pollution は環境問題では見慣れた単語で，「JACET 8000」では 1,000 語レベルと 2,000 語レベルに含まれる．あるコーパスで生起頻度を調べると，environment が 130, pollution が 41 となった．つまり，膨大な英文を読んだ場合，environment に出会う回数は pollution に出会う回数の約 3 倍になる．頻度レベルの差が大きくなれば，出会う期待値の差はさらに広がるであろう．それゆえ，学習者は高頻度語を漏らさず学習することが重要である．

2.5.2 教科書の語彙

授業の中心となる検定教科書などの教材には，新出語がどの頻度レベルなのかの情報は何も付いていない．生徒は，その単語が新出語であれば，覚えようと努力するであろう．しかし，その中には，一生に二度と出会わないような低頻度の語も含まれるケースもある．単語の頻度がわからない場合は，教師の単語の頻度の直感で生徒に覚えるべきかどうかを指示することが求められる．

低頻度語を学習する無駄を省くため，新教材の導入では，新出語を以下の通り分類して，取り扱いを区別する必要がある．まず，本文の理解に不可欠な未知語のうち，語構成や文脈から推測が可能な語を選んで推測させる．内容理解に直接必要ではあるが，推測が難しい語の場合は，教師は別の英語に置き換えて教える．同義語を示したり，英語で語義を与えたりする．内容理解に必要でない語は，後で日本語訳を与えるなどして，導入時は無視する（表 2.7）．

表 2.7 単語の仕分け

(a) 生徒に推測させる語：本文の理解に不可欠で，推測が可能な語
(b) 教師が教える語：別な語に置き換えが可能な語
(c) 無視する語：本文の理解に不可欠でない低頻度語

2.5.3 教科書から漏れた語彙

市販されている単語集を使用する利点は，短時間で多くの語彙を学習することができることである．現在，たくさんの種類の単語集が市販されている．それらの単語集を，日英の対訳で1語ずつ暗記することは一定の効果がある．

しかし，この方法の限界も2つある．1つ目は，日本語と英語を一対一で記憶することの弊害である．高頻度語のほとんどが多義語である．例えば，「時計の針」を英語でどう表現するかは難しいが，簡単に "hand" で示せる．また，英文を読んでいて，覚えた意味以外で単語が使われていると，その知識が理解するうえで障害となったり，綴りの似ている別の語と間違えたりすることもある．

2つ目は，文脈から切り離して単語だけで提示されるために，日本語訳による誤解が生じる場合がある．例えば，深い考えの人を表現しようとする場合，「深い」= deep,「人」= person と考えて，deep person という表現を作ってしまうかもしれない．

以上の観点から，単語集は，教科書などの学習を一通り終えたときに，チェックリストとして活用するのが最も有効と思われる．教科書の学習で漏れた単語を学習して，高頻度語を網羅することが必要である．

2.5.4 未知語の推測

すべての単語を覚えることが不可能である以上，未知語を処理する方略を生徒に身につけさせる必要がある．未知語の意味を推測することが，語彙学習のための生産的なストラテジーであるといわれている．また，生徒がそれなりの仮説を立ててその意味を検証する活動に従事することは，本来のコミュニカティブな活動そのものである．

しかしながら，テキストの構造が複雑だったり，読み手の文法力に限界があったりなどで，未知語推測がいつも可能とは限らない．未知語の推測では，いくつかの手順がある．ネーション (Nation 1990) は，表 2.8 の 5 段階を示している．

また，語構成については，体系的に教えると単語の知識の整理に効果が期待できる．例えば，頻度も高く，意味と綴りの規則性が高い接頭辞・接尾辞には以下

表 2.8 未知語推測の 5 段階

Step 1	未知語の前後関係から品詞を決定する
Step 2	未知語を含む節や文から，未知語の統語的特徴をつかむ
Step 3	未知語を含む節や文と他の分野パラグラフとの関係をつかむ
Step 4	意味を推測する
Step 5	文に当てはめて推測した意味が正しいかどうかを確認する

の例がある．ある程度学習が進んだ時点で，これらの接辞をまとめて提示することは，未知語の推測力を高めるうえでもプラスになる．

接頭辞		接尾辞	
re-	reproduce, reunite, regain	-ation	expectation, examination, information
un-	unfair, unlucky, unwise	-ful	useful, careful, helpful
pre-	prehistoric, preface, precaution	-ment	agreement, arrangement, development
non-	nonsense, nonsmoker, nonstop	-ist	artist, specialist, tourist
anti-	antibiotic, anticlimax, antipathy	-er	teacher, customer, engineer
semi-	semicolon, semicircular, semiofficial	-ize	authorize, specialize, modernize
ex-	export, exchange, expand	-al	actual, additional national
en-	encourage, encode, entitle	-ly	exactly, certainly, quickly
post-	postwar, postgraduate, postscript	-ous	dangerous, humorous, poisonous

まとめ

　コミュニケーション能力を養成するための特別な語彙指導は，存在しないであろう．しかし，大学生であれば「JACET 8000」の 5,000 語が一つの目安となる．また 1000 語から 1500 語は，発表語彙として自由に使える単語としたい．

　リーディングやリスニングの活動で学習したばかりの単語をスピーキングやライティングの場面で使用すると，その語を長期記憶の中に加えやすくなる．単語を見て意味がわかる段階と，その単語を使用できる段階では，大きな開きがあるため，学習した単語を発表的に使う練習は，その単語が受容語彙から発表語彙として定着するために重要である．

　語彙学習での最も重要な点を確認したい．語彙学習では，単語集を使ったり暗記したり，自分で単語ノートにまとめたり，辞書を引いたり，たくさん英文を読んだり聞いたりするなど，精選された単語に接触する回数を多くすること以外に学習効率を上げる方法はない．横山 (2006) の「習うより慣れろ」「詰め込みこそが教育である」という古くて新しい格言が的を射ている．コミュニケーション重

視の英語教育が席巻しているが，その礎となるのは地道な繰り返し学習によって習得された語彙知識である．

🔍 より深く勉強したい人のために

- 望月正道・相澤一美・投野由紀夫（2003）『英語語彙の指導マニュアル』大修館書店．
  英語の語彙習得についての入門書．単語の定義，語彙知識の記述，単語の学習のプロセスなど，語彙習得の基本的な情報がコンパクトにまとめられている．さらに，英語のコーパス，語彙のテストなどにも言及している．これから語彙習得を学習したい人で，基本から勉強したい人に向いている．

- Schmitt, N. (2010) *Researching Vocabulary: A Vocabulary Research Manual,* Basingstoke, Hampshire: Palgrave Macmillan.
  英語の語彙習得に関する本格的な研究書．語彙の用法と習得，語彙習得研究の基礎，語彙習得の研究法，語彙習得研究の資料の4部構成になっている．先行研究を網羅的にカバーしている．基本的な知識があり，必要に応じて語彙習得の研究法を学んだり，先行研究を調べたりするのに役立つ．

- Nation, I. S. P. and S. Webb (2011) *Researching and Analyzing Vocabulary,* Heinle, Boston: MA.
  英語の語彙習得に関する研究を始めたい人向きの入門書である．全体は，意図的語彙学習，偶発的語彙学習，コーパスに基づく研究，語彙知識の測定の四つの柱とし，さらに計14章に分けてテーマを設定して解説している．特に，研究デザインの組み立て方の解説や，今後どんな研究が求められるかについての著者らのコメントは，これから卒業論文や修士論文を書こうとしている人には有益である．

- Milton, J. (2009) *Measuring Second Language Vocabulary Acquisition,* Bristol: Multilingual Matters.
  英語の語彙習得を評価の観点からまとめた本．全体は11章構成で，語彙力の測定ばかりでなく，語彙習得を測定の観点から幅広く扱っている．先行研究を簡単に紹介するだけでなく，実際のデータや図表を引用して詳しく解説してあるので，語彙習得の理解を深めるために役立つ．各章の結論では，著者の見解や問題提起が示されており，研究を進めるうえで有用である．

- 今井むつみ・針生悦子（2014）『言葉をおぼえるしくみ―母語から外国語まで―』筑摩書房．
  子どもの母語や成人の外国語における語彙の習得に関して，主に心理学の実験結果を中心に12章にわたって詳しく解説されている．引用文献は実に244本にも及ぶ．子どもの母語習得や英語以外の言語の語彙習得についての情報を得るに役立つ．英語の文献と並行して読めば，語彙習得のより幅広い知識を得られる．

文　献

相澤一美（2010）「語彙知識と英文テキストの理解―高校上級用読解教材選択の指針を求めて―」『教材学研究』**21**: 7-14.

今井むつみ・針生悦子（2014）『言葉をおぼえるしくみ―母語から外国語まで―』筑摩書房．

奥津文夫（編）（2002）『日英比較英単語発想事典』三修社．

苧坂満里子（2002）『脳のメモ帳　ワーキングメモリ』新曜社．

柴崎秀子・玉岡賀津雄・高取由紀（2007）「アメリカ人は和製英語をどれくらい理解できるか―母語話者の和製英語の知識と意味推測に関する調査―」『日本語科学』**21**：89-110.

高梨芳郎（2009）『データで読む英語教育の常識』研究社．

寺澤孝文（2007）「THE マイクロステップ技術で覚える英単語」任天堂 DS シリーズ Vol. 19.

寺澤孝文・太田信夫・吉田哲也（編）（2006）『マイクロステップ計測法による英単語学習の個人差の測定』風間書房．

大学英語教育学会基本語改訂委員会（2003）『JACET List of 8000 Basic Words』大学英語教育学会．

御領謙（1998）「心内辞書概念からみた単語認知の問題」苧坂直行（編）『読み―脳と心の情報処理―』朝倉書店．133-150.

横山詔一（2006）「潜在記憶と言語習得」『言語』**35**(4): 52-57.

Aitchison, Jean (2003) *Words in the Mind,* Oxford: Blackwell.

Aizawa, Kazumi (2006) Rethinking Frequency Markers for English-Japanese Dictionaries. In: Murata, Minoru, Kose Minamide, Yukio Tono & Sin'ichiro Ishikawa (eds.) *English Lexicography in Japan,* Tokyo: Taishukan, 82-93.

Aizawa, Kazumi and Tatsuo Iso (2008) Identifying the Minimum Vocabulary Size for Academic Reading. *ARELE* **19**: 121-130.

Anderson, Richard and Peter Freebody (1981) Vocabulary Knowledge. In: Guthrie, John (ed.) *Comprehension and Teaching: Research Reviews,* Newark, DE: International Reading Association, 77-117.

Backhaus, Peter (2007) *Linguistic Landscapes: A Comparative Study of Urban Multilingualism in Tokyo,* Clevedon: Multilingual Matters.

Bauer, Laufer and Paul Nation (1993) Word Families. *International Journal of Lexicography* **6**: 253-279.

Canale, Michael (1983) Communicative Competence to Communicative Language Pedagogy. In: Richard, J. and R. Schmidt (eds.) *Language and Communication,* 2-27.

Daulton, Frank (2007) Japanese Learners' Built-in Lexicon of English and its Effect on L2 Production. *The Language Teacher* **31**(9): 15-18.

Daulton, Frank (2008) Japan's Built-in Lexicon of English-Based Loanwords. Clevedon: Multilingual Matters.

Grabe, William (2008) *Reading in a Second Language: Moving from Theory to Practice,* Cambridge: Cambridge University Press.

Hatch, Evelyn and Cheryl Brown (1995) *Vocabulary, Semantics, and Language Education,* Cam-

bridge: Cambridge University Press.
Henriksen, Susan (1999) Three Dimensions of Vocabulary Development. *SSLA* **21**: 303-317.
Laufer, Batia (1992) How Much Lexis is Necessary for Reading Comprehension? In: Arnaud, P. and H. Bejoint (eds.) *Vocabulary and Applied Linguistics,* London: Macmillan, 126-132.
Laufer, Batia (1997) What's in a Word that Makes it Hard or Easy? Some Intralexical Factors that Affect the Learning of Words. In: Schmitt, N. and M. McCarthy (eds.) *Vocabulary: Description, Acquisition and Pedagogy,* Cambridge: Cambridge University Press, 140-155.
Meara, Paul (1992) *EFL Vocabulary Test,* Centre for Applied Language Studies. University of Wales, Swansea.
Meara, Paul (1996) The Dimensions of Lexical Competence. In: Brown Gillian, Kirsten Malmkjaer and John Williams (eds.) *Performance and Competence in Second Language Acquisition,* Cambridge: Cambridge University Press, 35-53.
Melka, Francine (1997) Receptive vs. Productive Aspects of Vocabulary. In: Schmitt, N. and M. McCarthy (eds.) *Vocabulary: Description, Acquisition and Pedagogy,* Cambridge: Cambridge University Press, 84-102.
Nation, Paul (1990) *Teaching and Learning Vocabulary,* Boston, MA: Heinle and Heinle.
Nation, Paul (2001) *Learning Vocabulary in Another Language,* Cambridge University Press.
Richard, Jack (1976) The Role of Vocabulary Teaching. *TESOL Quarterly* **10**: 77-89.
Ringbom, Håkan (1987) *The Role of the First Language in Foreign Language Learning,* Clevedon: Multilingual Matters.
Ringbom, Håkan (2007) The Importance of Cross-Linguistic Similarities. *The Language Teacher* **31** (9): 3-5.
Rott, Susan. (1999) The Effect of Exposure Frequency on Intermediate Language Learners' Incidental Vocabulary Acquisition and Retention through Reading. *SSLA* **21**: 589-619.
Stanlaw, James (2004) *Japanese English: Language and Culture Contact,* Hong Kong: Hong Kong University Press.
Zahar, Rick, Tom Cobb and Nina Spada (2001) Acquiring Vocabulary through Reading: Effects of Frequency and Contextual Richness. *The Canadian Modern Language Review* **57**: 541-572.

第3章 英語教育と文理解

柏木賀津子

3.1 新学習指導要領と英語教育

　2017年に示された小学校外国語科の目標は,「外国語によるコミュニケーションにおける見方・考え方を働かせ,外国語による聞くこと,話すことの言語活動をとおして,コミュニケーションを図る素地となる資質・能力を次の通り育成することを目指す.」と記されている.英語の文の理解面は,「身近で簡単な事柄について,聞いたり話したりするとともに,音声で十分に慣れ親しんだ外国語の語彙や基本的な表現を推測しながら読んだり,語順を意識しながら書いたりして,自分の考えや気持ちなどを伝え合ったりする.」に関連する.また5つの領域として,①聞くこと,②読むこと,③話すこと(やりとり),④話すこと(発表),⑤書くことが,小学校と中学校の外国語科両方で示された(文部科学省 2017a; 2017b).このような目標のもと,英語に慣れ親しんだ小学校6年生が中学校1年生に進む際に,「内容が聞ける」「身近な単語がわかる」「聞いて大まかに意味がわかる」「簡単なやりとりを楽しめる」ことは,言語習得の重要な基盤となる.

　第二言語習得理論と母語習得研究から鑑みると,初めての言語に触れ,その内容に興味をもち,耳を傾けて模倣してみる学び方は,アイテム学習といわれている.トマセーロ(Tomasello 2003)は,"Draw a square on it." のように,分析されず丸ごと表現として言葉を使う学びのことをこう定義している.日本のような日常で英語に触れることの少ないEFL(English as a foreign language)環境にいる学習者においても,このような事例(exemplars)を蓄積し,その意味と音声形式を結ぶ手続きを行い,言葉のあいまいなルールを形成していく.教師のインプットから使えるexemplarsに出会い,他者とインターアクションを行いながら,意味を音声形式にマッピングし分析を繰り返し行うプロセスがなければ,言葉の産出にはつながらない(エリスとラーセンフリーマン Ellis and Lasen-Freeman 2009).

　日本のEFL環境では英語に触れる機会は十分ではないため,上記のような認知

的な手続きを促進して，付随的に言葉のルールの仕組みに出会わせることが大切であると考えられる．また，中学校以降では小学校でのアイテム学習でなんとなくわかるという学び（暗示的知識：implicit knowledge）を継続し，言語の規則が説明できるようになる学び（明示的知識：explicit knowledge）を並行して学び，文法の誤りを自己修正できるよう導きたい．

　小学校から中学校への外国語科連携において，ある一人の生徒（学習者）が，英語に触れる方法や順番が，それぞれの年齢で異なっていては一貫した学びにはならない．第二言語習得研究と母語習得研究から EFL へと応用可能な点を明らかにしつつ，すべての学習段階で「文字情報を見せる前に音声から内容に親しませるように教師が英語を用いて学習者に語りかける場面」（focus on meaning）があり，「英語のインプットに含まれる言語形式に注意を向け，学習仲間と英語を使いながら文のパターンや仕組みに気づく場面」（focus on form）があることが大切である．以下の順序である．

　音声に親しむ → 内容がおおまかにわかる → 言葉のお皿（アイテム）が増える → 言葉のしくみに気づく

3.2　文　理　解

　学習者が初めて出会う，母語とは異なる言語（L2）について，音声から聞いた場合の学習者の文理解はどのような順や方法で獲得されるのであろうか．以下，音声形式と意味の結びつき，ひとまとまりの文の理解と蓄積（アイテム学習），文構造への気づき（カテゴリー学習），チャンクから文法へ（ACT-R），FS（formulaic sequence）の指導方法，FS の実証研究等について述べる．

3.2.1　音声形式と意味の結びつき（FMCs）

　学習者はひとまとまりの文に音声で頻繁に触れ，それを模倣したり繰り返したりする機会を得ると，その意味と L2（英語とする）の音声形式をうまく結ぶという機会を得る．この手続きを「アイテム学習（item-based learning）」または「事例学習（exemplar-based learning）」という．"draw a square" のような最小の文構造を伴う文が音声形式（form）であるが，これらは，用法言語基盤モデル（usage-based model: UBM）においては，multi word expressions（MWEs）や formulaic sequences（FS）とも呼ばれる（エリス Ellis 2008）．本章では，これらを総じて

FS と記す．初級学習者は，この音声からの FS を単に機械的に真似ているだけではない．模倣と繰り返しの認知的側面からの理解の重要性が指摘されている．

The role of imitation and repetition, reassessed recently from a cognitive perspective, is related to input processing（バンパッテンとカディエルノ VanPatten and Cadierno 1993），not to skill-based learning or pattern practice.
（大意訳…言葉の模倣や繰り返しは，インプット過程と関連して認知的な側面から改めて評価されている．）

音声形式と意味のつながり（form-meaning connections: FMCs）は言語学習の素地となる．学習者はまず，自分の母語のパターンに当てはめ，L2 の単語や文を母語の概念に投影しながら FMCs を行う．バンパッテンら（VanPatten et al. 2004）は，次のように述べる．

L2 を学ぶとき，多くの学習者は自分の母語からの概念を応用しようとする．そして，学習者は，同じ概念的な特徴をもたないかもしれないのだが，外国語の単語を最初は母語に照らし合わせる．

学習者は，しかし，音声形式とその意味やメッセージと必ずしもうまく一致させることができるわけではなく，母語の負の影響を受けることもある．FS の蓄積とともに L2 学習が進むと，文脈からの推測や音声からの FMCs は成功しやすい．

実際の教室での学習者は，教師が頻繁に使うインプットの影響をかなり受けており，FS を最小の認知単位として学んでいると考えられている．6 歳ぐらいの子どもの外国語の目標表現の繰り返しは，先生が何度も繰り返すインプットの頻繁さによるものである．このように，子どもの事例的表現の繰り返しや模倣は，その意味を伴うフォームを噛みふくむようなものである．それは，子どもが何を学んでいるかということを映しだしているということの現象なのである（スキーハン Skehan 1998）．

3.2.2　ひとまとまりの文の理解と蓄積

item-based learning とは，母語習得において 2 歳ころの子どもが親の発話を真似しながら，"get the salt"，"get cookies"，"get me up there" などの個別の一つ一つのフレーズを島として学ぶ現象を意味する．トマセーロ（Tomasello 2003）は，これを動詞の島仮説（verb-island hypothesis）と定義する．それらはやがて抽象的な分析を経て，"get X" という構文のような「動詞と目的語」を含む構文スキーマになるのだが，この過程には大量のインプットや子どもと親の共同注意（jointattentions) の豊かさが必要である．これに，対照的な方法は，規則に基づいた学びである（rule-based learning）．学習者はこの両方を二元的に駆使して学び続けることが必要である．

> Exemplar-based learning is contrasted with rule-based learning and defines that two systems coexist, the rule-based analytic, on the one hand, and the formulaic exemplar-based, on the other. In the former case, compact storage and powerful generative rules operate together to "compute" well-formed sentences, In the latter, the central role is occupied by a very large, redundantly structured memory system and (presumably) less powerful rules which operate on "chunks" much of the time, rather than individual terms（スキーハン Skehan 1998）．
> （大意訳…事例学習（アイテム学習とも訳す）は，ルールを基本とした（ルール学習とここでは記す）とは対照的なもので，この二つの学習システムは二元的に存在する．ルール学習は分析的で，一方，ひとまとまりの表現である事例学習はそうではない．前者は，コンパクトな記憶装置であり生成された規則で，外国語の文をうまく操作できることにつながる．一方，後者は，外国語学習の最も中心となるのだが，単に「アイテム」を学んでいるに過ぎないというよりは，余剰的に構造化されたメモリーシステムとなるもので，おそらくは，あまり強力ではないにしても，言葉のルールとして，「チャンク」を操作するという役割を果たすものである．）

母語習得では item-based learning（アイテム学習）の連続であるが，そのメカニズムは L2 学習の初級学習者にも応用可能であると考えられるようになる．トマセーロ，(Tomasello 2003) は，次のように述べる．

> トマセーロは母語習得研究で実証したのだが，子どもの母語としての英語の認知的な学習は，最初はアイテムごとに学ぶ（item-by-item learning: item-learning）．そしてそのアイテムの蓄積は後に，抽象化と一般化のプロセスを伴う．言語を使うなかでのFMCs（音声形式と意味のつながり）を固めていくことは必要不可欠なことである．この事例学習（exemplar-based learning）の重要性を理解し，現在の外国語学習に応用する研究は緒に就いたばかりである．）

小学校や中学校の外国語科について，新学習指導要領（文部科学省 2017a; 2017b）では，語彙はできる限り，コーパスの頻度順に連語で学ぶことを主張し

ている．「チャンク」と呼ばれる FS を意味のあるやりとりのある場面で聞き，真似をし，うまく通じるか試してみる方法は重要であると明らかに述べられている．また，中学校においても連語（collocation）を重視し，頻度が高く用いられる表現を重視することが述べられているが，言語習得に向けてなぜそれが重要であるかということは，あまり指導者によって意識されていない．上記の最新の言語習得研究の引用からも，FS に含まれている最小の文構造を蓄積していくことが学習者の言語習得につながるという理解はきわめて重要である．また，蓄積するのみでなく，そのような学び方が学習初期にできることが L2 の学び方の良い出発となる．文法の規則を明示的に学ぶことは必要だが，規則を習っても学習者はそれをすぐに文脈のなかで正しく使えるわけではない．このような初期段階においても，アイテム学習は，学習者が英語を難しいと感じずに，新しい表現を真似て使ってみようとする機会を創りだす．中学校でも生徒がわかる英語を使って教えることの意味はこの点にもあるといえる．初級段階において，規則を学ぶことだけで英語学習を進めていくことは英語嫌いを生む大きな原因となっている．

　学習者は，このように着実に FS の蓄積から文のパターンを見つけていくのだが，FMCs の能力にはある程度の差がみられる．「授業時間数」「発達段階や年齢」「母語力」「指導者のインプットの質」が文の理解に差を与えるからである．また，指導者が，「構造化されたインプット」（豊かな内容の英語のティーチャー・トークで，内容と合致した目標構文を意識的に繰り返したり表現の一部を入れ替えたりして学習者がインプットを取り込みやすくする教師の語りで，structured input といわれる）を実現することで学習者の FMCs はうまく進みやすい．しかし，それでも個々の FMCs の能力には差がみられる．バンパッテンら（VanPatten et al. 2004）は，学習者は様々であり，FMCs の発達がうまくいくケースとそうでないケースがあると指摘する．その原因とは，
　①学習者要因，つまり，母語の影響や外国語習熟度レベル
　②インプットの特徴，つまり，インプットの頻度や知覚的な目立ちやすさ，
　③言語適正，つまり音素的な個コードを認識する力，分析的で文法的な繊細さ，
　　帰納法的な言語学習能力，ワーキング・メモリ
であると述べる．このことは日本の小中学校の EFL でも認識される必要があり，特に，上記②が指導者によって十分に提供されているかどうかを見極めた指導改善が必要である．その上で，個々の学習者の多様性として①や③を意識して個に応じた指導を工夫していくことが必要であろう．

また，これらの能力を確実に指導者が把握するために，形成的評価や音声テストを開発し，個別の学習計画を用意してサポートする制度が，OECD 諸国では進みつつある．例えば，次期学習指導要領でも記されている「他教科の内容と関連した意味のある言語活動」（内容言語統合型学習：CLIL）の指導法を用いる際には，母語の言語としての背景知識，音韻の特徴を感じ取る力，文構造を分析する文法的な繊細さ，帰納的に言語を学習する力，ワーキングメモリなどをよく考慮することが，FMCs をどの学習者においても高めることにつながる．「FMCs は言語学習の素地であるから，個の潜在能力を見極めて，文理解の度合いを助ける指導を工夫する」ことが必要となる．

3.2.3　文構造への気づき

　文構造への気づきに至るような学び（category-learning）は，ある程度 FS を蓄積することによって，学習者が音声に対する文法的な繊細さをもつようになった段階で起こりやすい．言い換えれば，今までの日本の中学校1年生の生徒が4技能を一度に学び始めていた場合には，FS の蓄積は少ないため「気づき」は起こりにくかったといえる．FS を蓄積する間に学習者は同じような文のパターンに繰り返し聞き，そのバリエーションを異なる文脈で聞いたり使ったりする．気づきとは，「音声からのまとまりのある文の切り出し」ができること，次に「文のパターンの拾い出し」ができること，「文のパターンのある部分の入れ替え」ができることにおいて起こる認知操作である．

　生徒が FS から文のパターンを見つけ（pattern finding），FS の一部を入れ替えて使うようになる段階を，category-learning という．FS は延べ頻度（token frequency）であり，入れ替えは異なり頻度（type frequency）という．L2学習の初期段階では token frequency が使われる．模倣や繰り返しは重要なアイテム学習である．やがて，それらの FS が蓄積され学習者が文のパターンを見つけるようになると，部分的な入れ替えが起こり type frequency がみられるようになる．このような割合を type/token ratio として，言語発達の指標ともされる．発話や作文を観察するときには，token（トークン）は延べ語数，types（タイプ）は異なり語数を示す．例えば，以下の発話は次のように数えることができる（柏木，2005）．

① I like tennis very much and my friend likes tennis very much, so we play tennis together. （type 11，token 17）

② I like playing tennis very much with a friend of mine who is interested in it, too. (type17, token 17)

①の type/token ratio (TTR) は，11/17 であるから，0.647 で，②の type/token ratio は，17/17 であるから1である．後者のほうがTTRが高く，バリエーションのある表現が続いていると考えられる．生徒の発話や作文のなかをTTRで分析すると，item-learning から，category-learning へと移行する際には，TTRに変化がみられるのではないかと考えられる．token 頻度，および type 頻度の言語習得に及ぼす役割について引用する．

According to Bybee (1995), the first is token frequency, which is the frequency of particular items and entrenches the comprehension and use of concrete pieces of language-item and phrases (collocation). The second is type frequency, which is the frequency that different actual forms occur in the same language slot.

（大意訳…バイビー（Bybee 1995）によると，1番目として，トークン頻度とは特別なアイテムであり，それは言語理解を言語の項目やフレーズ（連語）の理解や具体的な断片の使用を固める役割をする．2番目として，タイプ頻度は同じ言語スロットにおいて，異なる実際的な言語フォームが出現する頻度のことである．）

token 頻度の言語学習への役割は以下である（Bybee 1995）．

①保持の効果
  a）トークン頻度は記憶を確かにする．言語形式の表象で，学習者にとって認知的には呼び出しやすい．
  b）学習者はトークン頻度に触れるほど，不規則な言語形式のトークン頻度に触れるほど，それを正しく表現するようになる（例：kept）．

②学習者の自立性
  a）学習者は言語の規則がわかるようになると，曖昧なインプットをはっきりと理解するようになる．
  b）たとえば学習者が "gimme" というインプットを最初に聞くが，のちにそれは "give + me" という単語の組み合わせだったとわかるようになる．

タイプ頻度の言語学習への役割は以下である（Bybee 1995）．

タイプ頻度は言葉のカテゴリー化を促す．インプットにおける分析的な言語形式を見つけるように促し，それは，文構造の生産性，つまりアウトプットの度合いを決定づけるものとなる．言い換えると，タイプ頻度は学習者の言

語形式への気づきへの引き金となり，言語のパターンの応用を誘発する．このように，トークン頻度からタイプ頻度へと学習者がタイプ頻度の割合を上げるようになるプロセスとして，学習者のスキーマ形成について述べる．トークン頻度に触れるということは，「手続き的知識」の発達に肯定的なインパクトを与える．手続き的知識は英語の実際使用の基盤を提供するものである．特別な目標構文の頻度は，言語形式への気づきにインパクトを与える．学習者はFSを蓄積すればするほど，その気づきは起こりやすくなる．Bybee（2008）は，手続き的知識は「類型化」であり，分析的言語形成で，構文の産出を決定づけるものであると述べる．FSは，（思春期の発達段階にいる）学習者が，定型的な学習方法で指導される文法の規則というものに追いつくようになるまで，学習者が最小の認知単位で素早くアクセスできる言語スロット（例：*get X, draw X on the Y*）としての役割を果たす．

具体的には，"get X, draw X on the Y" は，学習者がスキーマ形成を行う言語スロット（slot-filter category）である．学習者がまず，"get X" のスロットにおいて「Xを手に入れる」という母語の概念と結び，それならば，動詞 get の次に来る X（目的語）を入れ替えればうまくいくというスキーマ形成を行う．その入れ替えが容易になると，さらには，Xの前にある get（動詞部分）の入れ替えも可能になる（逆スロット）．言い替えると，これはトークン頻度からタイプ頻度への移行を意味する．言語産出は，模倣と繰り返しがFMCsを抽象化しようとする認知稼働によって起こり，「手続き的知識」の獲得となるプロセスなのである（ヤマオカ Yamaoka 2006）．さらに，マイルズ（Myles 2004）は，FSにおける言語スロット保持の重要性を次のように述べる．

> 外国語を学ぶクラスルームで，7歳から9歳や，9歳から11歳の英語とフランス語を学ぶ16人の初級外国語学習者によるL2の発話では，様々な音素の連続（multimorphemic sequences）に関するFSを使っている．このようなチャンクは捨て去るべきでなく，文法が追い付いてくる時期まで保ち，今使える文法がさらに進んだ文法に進むまでのプロセスこそが，言語学習の前進を駆動していくのである．

日本の中学校外国語科においては，11歳から14歳ぐらいの学習者がコミュニカティブな言語活動で，音声のインプットから類推し，FMCsがうまくいくこと，また，文構造の語順や語と語のつながりに繊細な感覚を持ち始めることは可能であり，明示的知識と明示的知識の「二つの方法を併用（dual mode）」として言語

使用に向けて稼働できるようになることが望まれる（スキーハン Skehan 1998）．手続き的知識が高められると，英語が得意な学習者や大人の学習者でも，明示的な文法説明だけでなく，インプットからの類推的な推測からでも言語を学べるようになる．スキーハンの述べるような dual mode が日本の学習者にも重要であり，チャンク全体に素早くアクセスできるような学びかたを初級の学習時期から獲得させていきたいものである．手続き的知識（procedural knowledge）とは，どのように物事を成すかというプロセスで得られるもので，この手続きの総計が宣言的知識を操作するものである．一方，宣言的知識（declarative knowledge）は，知識による文法で，言語使用者が構文について，下線を付すかのように文の仕組みについて説明ができる知識である．多くの研究者によって，この二つの知識（前述の明示的知識と暗示的知識の対照とも一致）は互いに干渉し合うという議論もあれば，互いに独立で干渉し合わないという議論もある．またこの区別がそもそも人の言語習得に存在するのかどうかという議論もある．しかしながら，英語教育の指導者は英語のルールが説明できるという宣言的知識の形式的伝達のみで，学習者が英語のやりとりができるようになることは難しいということを考えなくてはならない．

　このような言語獲得過程は用法言語基盤モデル（usage-based model: UBM）によるものである．ここで述べた認知過程は，母語習得で親と2歳ころの子どもに豊かな共同注意のもとで促進されるが，L2学習においても，社会的なコンテクストの中でインターアクションが起こる状況において認知が促進される（エリス Ellis 2008）．

3.2.4　チャンクから文法へ（ACT-R）

　学習者は，第二言語を学ぶ際に，先にルールを学びそれを応用するべきであるか（rule to instance），事例からルールを見つけるべきであるか（instance to rule）について，adaptive controle of thought-rational：ACT-R（アンダーソン Anderson 1993）の概念を述べる．

　　Anderson（1993）は，ACT-R と「産出のルールは学習者によって創られる」ものであると定義する．学習者は，まず，現在までに知っている既存の知識（何を知っているか）とその後の結果（何を新しく知ったか）の結び付きを発見したり経験したりする．そうしながら，さらなる事例を伴う言語体験を繰り返し，ルールを一般化していくのである．

学習者の内的な認知操作による抽象化，つまり事例から規則へ（instance to rule）は，考えるに値する内容に対しては応用できる．つまり，内的な認知操作は，過去に得た知識と新しい知識を比較する場合や，実在するかどうかわからない世界における理由と実在する世界における理由を区別する場合において，発話に向けたルールが創られうるのである．先に規則が与えられた場合には得られない言語経験が，"instance to rule" には存在すると考えられる．英語の授業を英語で行う場合には，学習者にそのような言語経験をさせることが重要となる．つまり，何かテキストに既にある過去の話や紋切り型の話では，学習者の内的操作は起こりにくく，むしろ教師のその場面での内的な思考や，本当の感情を伝えるティーチャー・トークによるインプットが最も重要である．学習者の文の理解が起こるのは，実にそのような場面であり，テキストに書かれた自分とはあまり関係のない内容の文理解においては，"instance to rule" という帰納法的な学びは経験しにくい．Yamaoka (2008) は，「事例から規則へ（instance to rule）の重要性をACT-Rを用いて以下のように延べる．

> 小学校の英語学習においても，教師が生徒に励ますべきことは，毎日のルーティーンのようなお決まりの話を繰り返すだけでなく，教師の自己実現を表現するような実際的な本物の表現を聞かせて学べるようにしていくべきである．そのとき，生徒は具体的な思考から，抽象的な思考への移行することが可能であろう．

3.2.5　FS の指導方法

instance to rule の認知操作を促すような文理解と文構造の指導には，日本の英語教育においては以下のような方法が可能であると考えられる．

まず，中学校外国語科の次期学習指導要領において，文法指導は，文法訳読式に頼るのではなく，意味のある言語活動に統合した文法指導が必要であり，文法はコミュニケーションを助けるものとして示される．EFLとESLの両方において文法訳読式は，文法項目が意味のあるコンテクストと分離して指導することが多い点が指摘されてきた．この方法は学習者の言語学習プロセスを重視していないと考えられるからである．ロング（Long 1997）は，以下のように述べる．

> It (grammar translation) also produces more false beginners than finishers because it ignores beginners' own possibilities (human capacity for language acquisition to be highly resilient).

（大意訳…文法訳読式はまた，文法を終えた学習者ではなく，偽物の初級者を生んでしまう．なぜならこの方法は初級者自身の可能性を無視するからである（人間として言語習得のキャパシティがうまくいかないようにしてしまう）.)

文法訳読式に代わる文法指導の類型として，ここでは，4つ述べる（FonF, PPP, acquisition order, FS as rule to instance）．

①フォーカス・オン・フォーム（Focus on Form: FonF）は，意味のあるインプットを提供することによって，学習者が外国語の言語的特徴を見つけるように促す指導方法である（ドゥティとウィリアムズ Doughty and Williams 1998）．シュミット（Schmidt 1995）はまた，言語習得は言語的特徴に気づくことなしには学べないとする．本章で述べてきたように，FonF では，意味のある文脈で繰り返し事例（exemplars）を与え，その際の言語スロット（トークン頻度）の一部がタイプ頻度で言い換えられるような教師の意図的な構造化インプット（structured input）が必要である（e. g., *draw a circle on it can be exchanged with draw X on Y*）．生徒の注意を意味だけでなく言語形式にも向けるためには，これ以外にも，インプット強化，リキャスト，ディクトグロス，意識高揚タスク，インプットプロセッシング，ガーデンパスなどの方法がある．

② PPP（presentation-practice-production は FonF よりも演繹的な指導で，オーラルインプットによる導入を行いながら，学習の最初の次期に文法を扱う．この方法は学習者の文法への気づきは待たない．PPP は，宣言的知識を伸ばすことを目標としており，発話における正確性に焦点を当てる．サトウ（Sato 2011）は，日本の EFL における学習者は英語に浸るということは少ないため，文法への気づきは起こりにくいと考え，PPP が適しているとする．

③学習者の母語の影響を受ける文法の自然の習得順序や難易度によって，FonF や PPP，明示的な文法説明と暗示的な文法説明を使い分ける方法が提案されている．デュレイとバート（Dulay & Burt 1974），白畑ら（2004）は，自然の習得順序について調査し，その順序は母語の影響を受けると述べている．例えば，日本人の学習者にとっての形態素構文（-ing）などは，語尾の -teiru と呼応しやすく，語順も大きく異ならないため習得の難易度は低い．一方，冠詞（a, the）などは音声的な際立ちも低く，母語である日本語にはない文法であるため，習得の難易度は著しく高い．前者の構文は，FonF で暗示的な文法指導も可能であろうし，後者の構文は PPP や明示的文法指導も dual mode で必要であろう．

④本章で詳しく述べてきたFSによる指導で，海外におけるUBMの第二言語習得への応用は最も最近の研究で注目されるようになった（カディエルノとエスキルデセン Cadierno & Eskildsen 2015）．日本においてはFSの研究と実践はあまり進んでいない．しかしながら，このアプローチは日本の初級から中級学習者に向いている．FSでは，子どもや中学生に文法のルールを説明するのでなく，このような発達段階の学習者に，クラスルームの英語でのやりとりといった文脈で，どういう意味のやりとりが起こっているかということを理解させる．語彙やチャンクが文脈のなかでどういう働きをしているかに触れさせていく．中森は，UBMの理論に基づいて中学生における長期にわたる実証的研究を行い以下のことを述べている（Nakamori 2009；中森 2013）．

　　FSはある程度のまとまりで記憶され，統語構造は，語彙中心の用法（prototype）として定着しながら作られる．学習者は，十分なインプットとアウトプットの機会の中で意味概念が言語形式や機能に投射させることが出来る．人の認知的面から見ても，学習者が抽象的な構文ルールを発達させるのに十分円熟してきたときに，文法の明示的指導を行うと良いだろう．

　4つの指導方法は，必ずしも四者択一ではなく，学習者の年齢や発達段階，学習ゴールによって，選択すること，併用することが重要である．しかしながら，本章で述べる「手続き的知識」の伸長や，「言語学習の内的操作」，「アイテム学習からカテゴリー学習へのプロセスを学ぶ」という点においては，4つ目の「事例からルールへの学びを可能にするFS」（instance to rule）を，学習の初期から中期にかけて経験することは言語学習への組みし方として重要である．また，大人の学習者でさえも，規則のみに頼らず，dual modeでの言語学習方法にシフトさせることが可能であろう．FSによる学びは，文法ルールのなかでも形態素構文（morphosyntactic structure）を暗示的に学ぶ際により有効である．

3.2.6　事例からルール（instance to rule）の具体的指導

　"instance to rule"（以下，ここではFSと記す）のL2（英語）指導順序を以下に述べる（Kashiwagi and Ito 2017）．

　①豊かな内容のインプットを提供する．その際に，ティーチャー・トークを使ってその内容で中心的に使う英語特有の事例（FS）を繰り返し聞かせる（providing FS）．

　②授業に先立って生徒が蓄積してきたFSを教師がやり取りで聞き出し，学習

者がもっているFSを基にし，学習者がその規則にアクセスする機会を提供したうえで，図を用いて文法の説明をする（schema formation of FS）．

③ペアやグループで豊かな内容に関わって，生徒が授業前半で蓄積してきたFSを借りたり，真似たりしながら，プロダクションをさせる（FS-borrowing）．

④文構造への気づきを引き出すために，ディクトグロス（ワジャーブ Wajnryb 1990; 1998）を応用し，音声のみのインプットから聞いた英文やストーリーを再構成する方法をFonFの方法として用いる（sound-dictogloss）（FonF using FS）．

文法の指導は，学習者が上記①で十分FSに触れた後に行う．③での文法指導は，FSの模倣や繰り返しから学習者がもつにいたるであろう概念に近づけた図式，および日本語の語順との違いがわかるような図式を用いる．長い説明をしすぎず簡単な文法用語を使って，英文の実例を用いて簡潔に説明する．FSの蓄積がない初級段階で，先に文法用語を教え詳しい説明を受けると，学習者は，初めての表現をうまくいくか試して使う機会がなくなり，ペアワークやグループワークにおいても英語を間違うことを恐れてしまう．③では，教師は文法の規則だけに頼らずとも，模倣や繰り返し，教師のモデルから「借りる」「チャンクの一部を入れ替える」というもう一つの方法を駆使してプロダクションする学習機会を設けるとよい．生徒は，token頻度とtype頻度の両方を上げる言語活動のなかで，言語スロットを形成して使用するため，生徒は意味に素早くアクセスすることができ，流暢性の進捗にもつながる（FS as rapid access）．

④で使う，音声からのdictoglossを，本章ではsound dictoglossと定義する．dictogloss（文章再現タスク）は，ある一定の長さの文章を音声と書かれたテキストの両方でインプットし，学習者はグループでその文章を再現する．このような文法の口述筆記が文法知識の習得を促す役割をする．4技能を一度に駆使して学ぶことができ，FMCsの機会としても有効である．ディクトグロスは個々に一人で行う方法もあるが，文章再現タスクをする際には，グループで行うとよい．学習者同士のインターアクションが起こりやすく言語習得が促進されるからである．

筆者らが応用する音声からのsound dictogloss指導の流れは以下である．

ⅰ）warm-up：トピックやトピックに関連した語彙を学ぶクイズなどでウォームアップする．

ⅱ）dictation（口述筆記）：教師のティーチャー・トークや，教師に用絵本の読み聞かせを普通のスピードで行う．PowerPointや実物を見せながら「先生の昨日

の出来事」などのトークでもよい．教師は，文章再構成するため原稿を作成しておく．メモ取り，挿絵の並び替え，絵とセリフとのマッチングなどの方法がある．小学校では，英文は見せず音声と挿絵のマッチングがよい．

　ⅲ) reconstruction（再構成）：4人程度のグループで協力し，元のテキストを再構成する．一度だけではうまくできないところが面白く，二度目，三度目と生徒のリクエストに応えて聞かせ，よりインプットの機会を増やす．

　ⅳ) analysis and correction（分析と訂正）：再構成したテキストを他のグループと比べ，原文のテキストとどの程度同じか，また違ってしまった部分を見つけ，なぜそうだったか考えながら，構文にも注意を向けられるようにする．

　英語を学ぶクラスルームのグループで dictogloss に取り組む際には，以下のような効果が期待される．

　ⅰ) 学習者の自立性を育てる．
　ⅱ) グループ内とグループ間の協働がみられる．
　ⅲ) 意味に焦点を当てながら自分と仲間を褒め合い励まし合う機会となる．
　ⅳ) 学習者はタスクの内容に注意を向けるにもかかわらず，言語の form へも注意も向ける．

a.　小学校外国語科における「音声からの dictogloss」

目標文構造：「主語＋動詞＋目的語（例：I cook an omelet.）」

　生徒が聞いて大まかに意味がわかるインプットであるためには，指導者は文法的に正しい文を自然に用いて structured input を用いる．繰り返しを入れたり，繰り返しの文の一部を入れ替えたりしながら，英語の音声の特徴や文のしくみに気づかせていく．文のパターンへの気づきがみられるようになった場合，いつまでも音声のみの指導で，気づきを文のしくみに興味付けする指導がないと，生徒の学びは停滞する (Kashiwagi 2012)．アイテムを記憶に留め，気づきを中学校以降の文法知識につなぐには，小中連携による FS の蓄積と，focus on form の指導による文構造への気づき，それらと並行して「音声から学んだ学習者への文字指導」がタイミングよく組み込まれる必要がある．以下に，小学6年生の児童が dictogloss に耳を傾け，内容に合うイラストカードをグループで協働して話の順番に並べる際のティーチャー・トーク例を表 3.1 に示す．

進め方

　教師は，アイテムごとの表現（例：get up, cook an omelet, eat breakfast, etc.）を簡単に絵で紹介する．次に1日の生活を英語で語る．教師は，1カ所のみ「ほ

表 3.1　My Busy Day（先生の忙しい一日）の dictogloss 例

My name is Takashi. I am an English teacher. Let me introduce my busy day. I <u>get up</u> at 6:00 a.m. I cook an omelet and I eat breakfast at 7:00 a.m. I <u>get dressed</u>. I also <u>get my backpack</u>. Then I go to school. I teach English seven times in a day. …（続く）

ら吹き話」が入っていることを告げる．生徒は，聞いて絵を日課表（時刻入り）に並べていく（図3.1）．生徒は時刻も聞き取れるので，どのあたりが「ほら吹き話」がロジカルにつかませるようにする．ディクトグロスは，1回目はジェスチャーを入れるが，生徒が慣れてきたら音声のみで聞かせる．生徒は概ね，あやふやな部分が残るので「もう1回言ってほしい．」と頼んでくるので，2回目，3回目と繰り返して聞かせる．生徒にとってみれば，1回目より2回目のほうが詳しく聞こえ，3回目には，教師の「ほらふき話」を見破ることもできる（ほらふき話の回答：この学校では6時間目までしかないので，英語を7回教えることは不可能）．ここでは音声のやりとりが中心である．中学校1年生以降は，文字が読めるようになるので，絵カードとともに文字の吹き出しを同時に並べる．中学校2年生以降は，音声と文字を結ぶことができる．

　音声からのディクトグロスの効果の大きさは，内容に惹かれて聞いている間にformへの注意も払われ，グループの友達と助け合うことができるので，文の理解はかなり高い．そのため，次の授業で，教師が「前回の絵カードを使って，自分

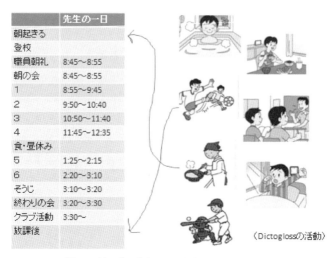

図 3.1　絵の並び替えによる音声からの dictogloss

3.2 文理解

の My Busy Morning の話を創ってみよう」と指示すると，生徒は自分の話に置き換え，起きる時間を替え（get up at X），食べ物を替え（eat X），用意して持って行くものを替えようとする（get X）．ブランクカードを用意しておくと自分でイラストを描きはじめる（フリーに自分で創れるように白紙のカードを準備）．これは，UBM で述べる言語スロットの形成を促していることになる．生徒は既に，文のどのあたり（目的語等）を入れ替えればよいか自分で理解しており，この理解の仕方は，英語が得意でない生徒でも難しいと感じない方法である．英語が得意な生徒や知的好奇心の高い生徒は，教師が指示しなくても，自分のロジカルな「ほら吹き話」を作り始める．ここでは，言語スロットの逆スロット（動詞など）を入れ替えるという認知を稼働する姿も見られる．生徒は，FS の蓄積はもとより，母語の構文知識も総動員しているものと考えられる．

　ティーチャー・トークの進め方について付け加えると，上記の例では，get up, get dressed, get my backpack のように，動詞 "get" を繰り返し用いている．生徒は，音声からの情報と教師のジェスチャーで FMCs を行っているため，似ている音声の響き "get…" には敏感である．「"…" の意味は何だろうか」「get ってどういう意味なんだろうか」と気になる生徒は必ずいる．文法訳読による説明では get は「手に入れる，獲得する」と習うかもしれないが，事例からルールへの学びは，語彙に対しても言葉の多様さから触れることができる．このように，意味のあるインプットのなかに token 頻度から type 頻度に促すための「引っ掛かり」を布石として入れ，構文スキーマの形成を促していく．生徒に見つけさせる工夫が重要である．また，学習の初期から，英語のまとまった話を聞き続ける力（テクスト能力）は大切である．ストーリーは，生徒が読み物や話の内容そのものの楽しみに浸り，限られたやりとりにはない豊かなインプットを通して音声と意味を結びつける機会をもたらす．自然に丸ごと表現を覚えてしまうほど染み込む指導を心掛けたい．ここで述べた方法では，口頭による英語のインプットを豊かにし，タスクに取り組んでいる間に，form と meaning の取り込み（intake）が学習者どうしの joint attention のなかで進むために，目標文構造の習得が促進しやすいと考えられる．FS の蓄積からの気づきを中学校以降の文法知識につなぐには，FS の蓄積をまず中学校以降でも（できれば大学まで）続ける必要がある．また，並行して「音声から学んだ学習者への文字指導」をタイミングよく組み込み，聞いて理解した文を理解し，「声に出して読む」「一部を入れ替えて話す」「使った表現を用いて書く」に導き 4 技能を統合した活動にする必要がある．

3.2.7 FS の実証的研究（中学校 1 年生：受身形）

　FS の小学校高学年での実証的研究として，カシワギ（Kashiwagi 2012）は，小学 1 年生から 6 年生までに同じティーチャー・トークを聞かせた後，教師と子どもがやりとりをした模倣的発話を分析した．学習時間が増え，認知発達が進み，FS の蓄積が多くなってくる 4 年生ぐらい以上では，まとまりのある連語での模倣や，丸ごと表現である FS の部分的な単語入れ替えだとみられる発話や繰り返しが顕著になることを報告している．また，浦田ら（2014）では，50 時間程度の英語学習を経験してきた小学 6 年生で，「自分の好きなスポーツ」についてやりとりをする単元の後で，音声のみで文法的に正しいかどうかを判断する文法性判断テストを行った（非文例：I can *play swim*）．語順間違い，連語結合間違い，目的語脱落等の非文に対する違和感をもった児童は 70〜80％ に上った．明示的な文法説明は行っていない段階である．これはつまり，丸ごとの表現である FS を蓄積してきた児童は，文法に対する繊細さをもちつつあることを示している．このような児童を受け入れる中学校 1 年生では，従来の文法の機械的説明や，文型練習を中心とした方法とは異なる小中連携の指導法が有効になる．

a. 中学校外国語科 1 年生における「音声からの dictogloss」

　目標文構造：「現在進行形（例：The key is growing）」

　FS の蓄積からの気づきを中学校以降の文法知識につなぐには，FS の蓄積をまず中学校以降でも（できれば大学まで）続ける必要がある．また，並行して「音声から学んだ学習者への文字指導」をタイミングよく組み込み，聞いて理解した文を理解し，文構造に気づくには，「声に出して読む」「一部を入れ替えて話す」「使った表現を用いて書く」に導き 4 技能を統合した活動にする必要がある．以下に，中学 1 年生の生徒が絵本 *"Castle Adventure"*（ハント Hunt 2011）の話に耳を傾け，まず絵本のイラストを見ずに，音声からの dictogloss に取り組んだ例を示す．このクラスルームでは，表 3.1 で示したような絵カードの並べ替えは既に経験しているため，『文章再構成タスク』としては，グループでメモを取り，協働して文章を再構成した．表 3.2 に絵本を使ったティーチャー・トーク例を示す．図 3.2 に，生徒らのメモを示す．図 3.3 は，グループでの活動イメージである．

進め方

　生徒はこの活動までに，10 冊程度の Oxford Reading Tree シリーズの絵本やその他の短い絵本を聞くことに慣れている．まず，教師は絵本の表紙を見せ，表紙からわかることや主人公の名前と簡単な背景について，英語でやりとりをする．

表 3.2　絵本 "*Castle Adventure*" (Hunt 2011) の dictogloss 例

The magic takes Granma and the children inside the castle. It takes them to a room. A frog is in the room. "I am a King." says the frog. The frog *is sitting* in the room. Three witches live in the castle. They are bad witches. One is a black witch. One is a red witch. One is a green witch. A witch *is coming*. It is the black witch. "Be careful." says the frog. The witch opens the door. Granma pushes the witch. Chip take the keys. They run out of the room. Chip locks the door. The witch can not get out. A witch *is coming*. It is the red witch. "I don't like bad witches." says Granma. She puts a net over the witch. Everyone laughs. The witch cannot get out. "Hurray!" shout the children.（続く）

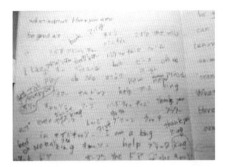　

図 3.2　生徒の dictoloss メモ　　　　図 3.3　dictogloss グループタスク

　次に，絵を見せずにストーリーを聞かせる．ストーリーは，原作通りでは難しい語彙があるのでパラフレーズを行い，文構造としての目標表現としては現在進行形であるので，現在形の部分を話の内容に合う箇所は現在進行形を用いて再話する．生徒は1回目のメモをグループで見せ合い，「文章再構成タスク」を行う．次に，2回目を聞かせて完成度を高め，3回目に絵を見せながら読み聞かせをする．授業の様子からは，3回目は，生徒は笑いをこらえながら聞いていた．なぜなら，自分たちの再現した文章とすっかり同じ部分もあれば，推測したことよりも，大げさな出来事になっている部分もあったからである．この段階で生徒はほぼ文の理解をしており，挿絵を見ながら，登場人物が何をしているか答える際には，"The magic key *is growing*." などのセリフが自然に口から出るようになっている．何度も出てきた表現が，今まで学んだ「現在形」とは違い，「walk が walking」になっているなどに気づいていた．
　教師は form への気づきを引き出した後に新出文法を説明したが，FS に親しんだ後であるので，音声として理解しており，長い文法説明をする必要はなく，どのような場面でその文法が使われているか感覚として理解していた．文法訳読と

ノート写しに充当する時間は，グループでこのストーリーの続きを創作する活動に充てられた．

FS の蓄積から入り，「事例からルール」への指導を行ったこの実践では，事前と事後の目標表現「現在進行形」について音声からの文法性判断テストを作成して行った．実験デザインは，単群の事前事後比較である．対象者の人数は 95 名で合計 8 時間の指導を行った．その結果，事前に比べて事後のスコアは有意差をもって伸びた（事前テスト：$Ave = 5.9$, $SD = 1.63$；事後テスト：$Ave = 6.97$, $SD = 1.77$, $t = 5.874$, $**p = .000$, $r = .52$, 効果量大）．

文法が正しいか間違っているかを判断する 10 の項目別では，図 3.4 のグラフに示す項目 4（-ing の形態素欠落：Are you *dry* your hair now?），項目 6（自動詞の後ろへの目的語誤挿入：*Y* is *playing ski* now.），項目 8（主語と be 動詞の単数複数の不一致：*B* and *K is* jumping on the bed now.）が大きく伸びた．これらは文法性判断テストでは非文である（上記 *italic* で記す）．「語順の正しさ」「形態素の欠落」「誤挿入」「主語と be 動詞の一致」は，明示的文法説明を日本語で詳しく受けなくてもよく正誤を判断している．つまり，「事例からルール」での学びをした生徒は，文法の正誤を判断する際に，文法の間違いに対する違和感（awkwardness）を感じやすく，暗示的な文法知識を獲得しつつあるといえる．

FS の指導法への応用はきわめて重要であり，とりわけ小学校と中学校での研究において，理論と実践の往還が未熟であるため，クラスルームでの実証研究はきわめて少ない．2017 年に示された次期学習指導要領では，国内外の第二言語習得研究からの示唆を得ており，本章の提案と合致する内容が示されている．以下に関連内容をまとめる．今後，実際のクラスルーム指導において，さらなる実践が展開されることが求められる．

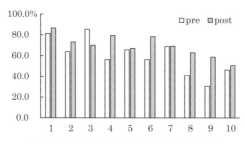

図 3.4　文法性判断テスト 1〜10 項目の正解率
（事前と事後）

3.2 文理解

小学校・中学校「外国語科」新旧学習指導要領対照表（文部科学省 2017a; 2017b）を参照（下線は，中央教育審議会方針等を踏まえて筆者が補ったもの）．

①5領域→【聞くこと・読むこと・話すこと（やりとり）・話すこと（発表）書くこと】．

②聞くこと→まとまりのある表現を聞かせるため，小学校では【スモール・トーク】を用い，中学校では【ティーチャー・トーク】といわれるインプットを用い，生徒がわかる英語を使って授業を行う．このことによって，生徒が【文構造】に気づく場面を創出する．

③話すこと（やりとり）→その場で適切に応答する【即興性】を重視する．【口頭で会話を続ける】活動を重視する．その際メモを見て話す，口頭で行うことが重要である．書いてから話すことに終始しない．

④話すこと（発表）→気持ちや身近なことを伝える（小学校）．関心のあることについて話す（中学校）【社会的な問題】について【考えたこと】や【感じたこと】を話す．

⑤書くこと→大文字・小文字を活字体で，【語順】を意識しながら【書き写す】（小学校）．【例文】を参考に，音声で慣れ親しんだ表現を，ワークシートの例から選んで【書き写す】（小学校）＊実際の発話（production）は中学校からである．趣味や好みのなど自分のことを話す，【考えや気持ちを書く】（中学校）電子メールのやりとり（パソコン活用）や，社会的な話題や情報を聞いて読み，【考えたこと，理由などを書く】（中学校）．

⑥語彙→単語数は増えたが，コミュニケーション場面で使えるように【連語】で教えることが大切である．【頻度】の高い語彙から選ぶ語彙選択は重要である．単語をすべて暗記させるのではなく，受容語彙（聞いてわかる）と産出語彙（使える）を考慮した指導が必要である．動詞と目的語のフレーズなどは小中の両方で重要な語彙である．

⑦文法→文法項目は増えたが，小学校で慣れ親しんだまとまりのある表現を受け継ぎ，文構造に気づかせながら使えるように導く．文法説明を長くしすぎず，意味のある文脈と結んだ文法指導を行う．文脈と切り離した文法指導は実際の言語使用では使えない．

🔍 より深く勉強したい人のために

- 山岡俊比古（1997）『第2言語習得研究』桐原ユニ．

学習者が第二言語を学ぶ過程を科学的に解明する第二言語習得の研究と教授法がまとめられている．最後に筆者の考える教授法についてまとめられた部分は，「事例から規則へ」を重視する用法言語基盤モデル（usage-based model: UBM）の入門編として分かりやすい．

- 中森誉之（2013）『外国語はどこに記憶されるのか』開拓社．
  最新の認知科学の知見を英語指導へと応用し，外国語はどのように脳内に記憶されて活性化されるのかを解き明かす．チャンクによるアプローチ，文字と綴り，文法運用能力を育てる気づきの伴う文法学習などについて，提案する．

- Tomasello, Michael（2003）*Constructing a Language: A Usage-based Theory of Language Acquisition*. Cambridge, MA: Harvard University Press.
  用法言語基盤モデル（usage-based model: UBM）の優位性について自身の娘トラビスの母語習得の膨大な記録から，言語発達について明らかにした著である．人間の赤ちゃん（2歳ころ）は人との共同注意が起こる場で，周りの大人の表現を真似たり，繰り返したりして個別の「動詞の島」をもつ．個別の「動詞の島」は，カテゴリー化され抽象化した構文スキーマをもつようになる．構文力が形成される過程は，動詞習得と第二言語文法指導の点からも興味深い．

- Cadierno, Teresa and Søren Eskildsen（eds.）(2015). *Usage-based Perspectives on Second Language Learning*. Berlin/Boston: De Gruyter Mouton.
  用法言語基盤モデル UBM は，トマセロの研究後，急速に L2 学習の指導にも応用が試みられているが，クラスルームでの実証研究はきわめて少ない．本著は数少ない実証研究を扱い，インプットの頻繁さ，動きを表す表現，UBM の教授法などについて言及する．

文　献

浦田貴子・柏木賀津子・中田葉月・井手眞理（2014）「コミュニケーション能力の素地から基礎へと学ぶ小中連携リンクユニットの創造：事例学習と規則学習のつながりを通して」*JES Journal* 14: 244-259.

柏木哲也（2005）「自由英作文における学習者コーパスの文章の種類別品詞分析から得られる教育的示唆」*STEP BULLETIN* 17: 33-47.

白畑智彦・須田孝司・若林茂則（2004）『英語習得の「常識」「非常識」―第二言語習得研究からの検証―』大修館書店．

文部科学省（2017a）小学校学習指導要領（案）新旧対照表．

文部科学省（2017b）中学校学習指導要領（案）新旧対照表．

山岡俊比古（2008）「小学校英語学習における認知的側面―認知的発達段階に即した学習とその促進」『教育実践学論集』9: 75-86.

Anderson, Robert. J.（1993）*Rules of the Mind,* Hillsdale, NJ: Erlbaum.

Bybee, Joan (1995) "Regular Morphology and the Lexicon." *Language and Cognitive Process* **10**: 435-455.
Bybee, Joan (2008) "Usage-Based Grammar and Second Language Acquisition." In: Robinson Peter and Nick C. Ellis (eds.) *Handbook of Cognitive Linguistics and Second Language Acquisition*, New York: Routledge, 216-236.
Doughty, Catherine & Jessica Williams (eds.) (1998) "Pedagogical Choices in Focus on Form." In: Doughty, Catherine & Jessica Williams (eds.) *Focus on Form in Classroom Second Language Acquisition*, New York: Cambridge University Press, 197-261.
Dulay, Heidi C. & Marina K. Burt (1974) "Natural Sequences in Child Second Language Acquisition." *Language Learning* **24**: 37-53.
Ellis, Nick C. (2008) Usage-Based and Form-Focused SLA: "The Implicit and Explicit Learning of Constructions." In: Typer, A. T. Kim and M. Takada (eds.) *Language in the Context Use*, New York: De Gruyter Mouton, 93-120.
Ellis, Nick C. and Diane Larsen-Freeman (2009) "Constructing a Second Language: Analyses and Computational Simulations of the Emergence of Linguistic Constructions from Usage." *Language Learning* **59**: 90-125.
Hunt, Roderick (2011) *Oxford Reading Tree: Castle Adventure*, Oxford: Oxford University Press.
Kashiwagi, Kazuko (2012) "Children's Form-Meaning Connections to Verb Phrases and Exemplar-based Learning in Japanese Elementary School." *ALELE* **23**: 13-24.
Kashiwagi, Kazuko and Yukiko Ito (2017) "EFL Learners' Grammatical Awareness through Accumulating Formulaic Sequences of Morphological Structure (-ing)." *English Language Teaching* **10**(11): 60-75.
Long, Michael (1997) *Focus on Form in Task-based Language Teaching*, Retrieved March 10, 2008, from http://woucentral. weebly. com
Long, Michale & Peter Robinson (1998). "Focus on Form: Theory, Research and Practice." In: Doughty Catherine & Williams Jessica (eds.), *Focus on Form in Classroom Second Language Acquisition*, NY: Cambridge University Press, 15-41.
Myles, Florence (2004) "From Data to Theory: The Over-Representation of Linguistic Knowledge in SLA." *Transactions of the Philological Society* **102**: 139-168.
Nakamori, Takayuki (2009) *Chunking and Instruction: The Place of Sounds, Lexis, and Grammar in English Language Teaching*, Tokyo: Hitsuzi Shobo.
Sato, Rintaro (2011) "Reconsidering the Effectiveness and Suitability of PPP and TBLT in the Japanese EFL Classroom. " *JALT Journal* **32** (2): 189-200.
Schmidt, Richard (1995) "Consciousness and Foreign Language Learning: A Tutorial on the Role of Attention and Awareness in Learning." In: Schmidt Richard (ed.), *Attention and Awareness in Foreign Language Learning*, Honolulu, HI: University of Hawaii Press, 1-63.
Skehan, Peter (1998) *A Cognitive Approach to Language Learning*. Oxford, UK: Oxford University Press.
VanPatten, Bill & Teresa Cadierno (1993) "Explicit Instruction and Input Processing." *Studies in*

Second Language Acquisition **15**: 225–241.

VanPatten, Bill, Jessica Williams & Suzanne Rott (2004) "Form-Meaning Connections in Second Language Acquisition." In: VanPatten, Bill, Jessica Williams, Suzanne Rott & Mark Overstreet (eds.) *Form-meaning Connections in Second Language Acquisition,* Mahwah, NJ: Lawrence Erlbaum & Associates, 1-26.

Wajnryb, Ruth (1998) "The Dictogloss Method of Language Teaching: A Text-based, Communicative Approach to Grammar." *English Teaching Forum* **26**(3): 35-38.

Wajnryb, Ruth (1990). *Grammar Dictation*, Oxford: Oxford University Press.

Yamaoka, Toshihiko (2006) "On the Importance of Imitation and Repetition in Foreign Language Learning." *ARELE* **17**: 1-10.

第4章　英語教育とコミュニケーション研究

會澤まりえ

4.1　英語教育とコミュニケーション

　コミュニケーションという用語が文部科学省の中等教育の学習指導要領に用いられたのは1989年であった．英語の指導方針としては「外国語で積極的にコミュニケーションを図ろうとする態度を育てる」ということが明記され，新科目としては「オーラル・コミュニケーション」が高等学校の英語科目として初めて導入された．この学習指導要領の改訂は，それまで訳読中心といわれていた英語教育に一石を投じる改革と期待された．例えば，オーラル・コミュニケーションの教科書作成にはコミュニケーション学を専門とする学者や教員が導入され，文化差やコミュニケーション・コンテクスト（communication context）に配慮した表現の会話例などが多く扱われるようになった．つまり，文法的に正しい英語表現でも実際の会話ではほとんど使われないものや，性差を助長するような表現に対しても配慮が向けられるようになったのである．

　学習指導要領にコミュニケーションという用語が使われるようになってから十数年後の2002年に，小学校の総合的な学習の時間において国際理解教育の一環として英会話を中心とする英語教育が導入された．その後，英語の学習開始時期がますます低年齢化する傾向にある．様々な英語教育改革がなされているなかで，英語の学習者や英語教師自身の英語コミュニケーション力は向上しているのであろうか．文部科学省の2016年度英語教育調査の結果，全国公立中・高校で英語を教える教員のうち，英検準1級以上かそれに相当する資格を取得しているのは高校で62.2%，中学校で32%であった．いずれも前年度比微増という結果で，文部科学省が掲げる英語教員に求められる英語力の目標として，英検準1級以上かそれに相当する資格を取得している教員を高校では75%，中学校では50%としたいという数値にはまだ達していない．さらに，2016年のTOEFL（Test of English as a Foreign Language）スコアがアジア諸国30カ国中，日本は26位というデータもあり，まだ向上の余地があるといえる．

人間のコミュニケーションを専門に研究する学会として日本太平洋コミュニケーション学会（現日本コミュニケーション学会）が立ち上げられたのは1971年で，設立から半世紀も経っていない．これまでの日本におけるコミュニケーションの研究というと主にマスコミの分野が盛んで，人間同士のコミュニケーションは社会心理学の分野の一つとして扱われていた．1980年代以降，異文化コミュニケーションの研究が盛んになり，多くの文献が出版されるようになった．欧米では独立した分野として「コミュニケーション学」（communication studies）があるが日本においては比較的新しい学問分野であるため，世間一般に幅広く定着するにはまだ時間がかかるものと思われる．本章においては，英語教育とコミュニケーション研究という視点からコミュニケーションの定義，分類，構成要素，言語コミュニケーション，非言語コミュニケーション，異文化コミュニケーション，コミュニケーション能力について論じることにより，今後の英語コミュニケーション教育が単なる会話のみに終始しないよう，配慮すべき内容や指導の方向性を示すものである．

4.2　コミュニケーションとは

英語教育のなかで「コミュニケーション」というと，単なる英会話というイメージをもつ人々が多いのではないだろうか．コミュニケーション学的観点からいえば，コミュニケーションとは人間の意思疎通や情報伝達活動を包括的に捉える研究で，ただ喋ることがコミュニケーションではない．本節では，コミュニケーションの定義や構成要素について述べていく．

4.2.1　コミュニケーションの定義

コミュニケーション（communication）の語源は，ラテン語で共通項という意味をもつcommunicareである（末田・福田2016）．確かに人々がコミュニケーションを始める場合，挨拶やその日の天気など互いに共通する話題から入っていくであろう．コミュニケーションは，日々の生活の営みには必要不可欠なものといえる．

コミュニケーションの定義は500種類くらいあるといわれている（アドラーら Adler et al. 2013）．最も簡潔で短い定義に，エドワード・T. ホールの「文化はコミュニケーションであり，コミュニケーションは文化である（Culture is communication and communication is culture.)」というものがある（末田・福田 2016）．コミュニケーションは，人間対人間，人間対社会，人間対環境，人間対時間，人間対事物など，いくつかのパターンがある．ホールが，「文化はコミュニケーション」と言及した理由には，文化はその社会とその社会がもつ事物やシステム，その時代が有するテクノロジーとその環境に生きる人間の思考や価値観や行動様式などすべてを網羅しているからだと思われる．

また，文化そのものも人間のコミュニケーション活動を積み重ねていくことで，時間の経過とともに少しずつ変化していく部分もあるので，「コミュニケーションは文化」とも表現したのであろう．つまり，人間は社会的動物で何らかのコミュニケーションをせずにはいられない存在なのである．次に，コミュニケーションの分類と構成要素について述べる．

4.2.2 コミュニケーションの分類

人間のコミュニケーションは大別すると，言語コミュニケーション（verbal communication）と非言語コミュニケーション（nonverbal communication）の分野に分かれるが，両者は切り離すべきものではなく相互補完関係にある．また，言語を中心としたコミュニケーションを分類していくと，自分と自分の対話を指す個人内コミュニケーション（intrapersonal communication），自分対他者との相互作用を指す対人コミュニケーション（interpersonal communication）が基本としてある．

対人コミュニケーションは，実際に人と人が会って行う対面コミュニケーション（face-to-face communication）とインターネットやソーシャル・ネットワーキング・サービス（SNS）や電子メディアを介したコミュニケーション（computer-mediated communication）に分けられる．マスメディアを介したコミュニケーションには，マスコミュニケーション（mass communication）がある．

対人コミュニケーションは構成する人数によって，集団のコミュニケーション（group communication）や組織のコミュニケーション（organizational communication）に分けられる．文化的特性で分ければ，同一文化内コミュニケーション（intracultural communication）と異文化コミュニケーション（intercultural communication）に分類できる．英語教育のなかでは，特に個人内コミュニケーション，対人コミュニケーション，異文化コミュニケーションの3領域が重要になってくる．

コミュニケーションは，単なる話し手と聞き手が喋ることではなく，かなり多くの要因が絡んでいるため，それぞれのコミュニケーターが意図する方向へ進めば良いのだが，ノイズが発生し意図しない方向へ展開していく場合も十分ある．普段，人間は言語と非言語の両方を使いながらコミュニケーションをしている．例えば，言葉では「いいですよ」と言いながらも表情が否定的な場合，非言語コードとしての表情は相手に影響を与える．つまり，相手にメッセージをきちんと伝えるためには，言語と非言語のシンボル的意味が一致しているほうが伝わりやすい．次に，各コミュニケーション領域が扱う内容について論じる．

4.2.3 個人内コミュニケーション

誰でも，日々何を優先的にすべきかなどを自分との対話のなかで決めていくが，そのような自分と自分との対話を，個人内コミュニケーション（intrapersonal communication）という．その構成要素のなかで特に英語学習者が意識すべきものに，自己イメージ（self-image），自己開示（self-disclosure），自己監視（self-monitoring），自尊心（self-esteem）の4つが挙げられる．正常人の場合，この4つの側面を自分自身内部の欲求と外部環境や他人などの影響を受けながら，その都度調整しコミュニケーションを図っていると考えられる．次に，各項目について簡潔に説明する．

a. 自己イメージ

自己イメージとは，自分がどのようになりたいのか具体的なイメージをもつことである．英語学習者であれば，英語をどの程度喋れるようになりたいのか具体的な目標をもつことが肯定的な自己イメージにつながる．これは，オリンピックで金メダルを獲得した陸上選手が，スタート前に自分がゴールを切っている姿を何度もイメージしていたということと共通している．

b. 自己開示

自己開示とは，個人的な情報を他者に知らせる行為という意味で，ジュラード（Jourard 1971）によって初めて心理学用語として用いられたものである．つまり，自分に関する情報をどの程度相手に開示するかということである．例えば，同じアジア人であっても日本人よりも韓国人や中国人のほうが明確に自己開示をする傾向がある（目黒ら 2017）．自己開示の速さや深さは，その文化や個人によって異なることを理解したうえでコミュニケーションを図っていかなければならない．

c. 自己監視

　自己監視とは，自分の言動を第三者的に顧みる視点をもっているかどうかということを指す．自分の言動に対して及ばなかった点を反省し適宜修正していくような自己反省・自己評価というセルフ・モニタリング機能をきちんと働かせているか否かは，言語上達にも関わってくる．自己監視ができている学習者は，どのような部分が自分に不足しているのかがわかるので次の段階の学習目標を立てやすい．

d. 自尊心

　自尊心とは，人が自分自身に対してもっている態度である（古畑ら 1984）．心理学の中で扱う自尊心は，日本語の自尊心とは若干ニュアンスが異なり，向上心を伴う自己評価で，これは人から褒められると自尊心は高揚し，叱責を受けると低下してしまうことから，外部刺激の影響を受けやすい．英語嫌いの学生には，これしかできなかったという減点法式の評価ではなく，ここまで達成できたという達成度評価を用いることで自尊心をそれほど傷つけずに英語学習に向き合わせることができるのではないかと思われる．

　個人内コミュニケーションのなかには，自己概念やアイデンティティも含まれるが，ここでは上述の 4 項目について論じた．各項目がバランスのとれた状態であればなお良く，個人内コミュニケーション能力が充実していれば，相手とも積極的に相互作用を図ろうとする対人コミュニケーションへとつながっていく．

4.2.4　対人コミュニケーション

　対人コミュニケーション（interpersonal communication）の構成要素について論じる．まず，話し手（speaker）は自分の語彙や知識をもとにメッセージ（message）を発信するためにシンボル（symbol）である言語・非言語の記号化（encode）を行い，それを直接口頭で伝えるのかメールで送信するなどといった，メッセージを送る経路（channel）を選択し，それを聞き手（listener）に発信する．聞き手は受け取ったメッセージを解読化（decode）するが，受け取ったメッセージに含まれている情報，意味，感情，関係を判断しながら解読作業をし，反応（feedback）を返す．ここで，話し手と聞き手の語彙数や知識量が同等レベルで，互いにコミュニケーションを積極的に図ろうとする態度（willingness to communicate）があればコミュニケーションは成立しやすい．コミュニケーションをよりスムーズにしていくためには，相手の置かれた状況が困難な場面は同情するなど共感的

理解や共感的感情（empathy）も必要である．

　また，コミュニケーションは，その場の文脈や状況の影響を受けている．状況には，社会・文化的状況，物理的状況，時間的状況など複数の条件が常に絡み合って，コミュニケーション・コンテクスト（コミュニケーション文脈，communication context）を形成している．よって，コミュニケーター（communicator）は，様々な文脈から絶えず影響を受けている場合がある．したがって，コミュニケーションが予期せず遮断され，意図しない方向に流れることもある．次に，コミュニケーションに影響を与える要因としてのノイズについて触れておく．

　ノイズ（noise）とは，一般的に考えられる物理的な騒音に限らず，メッセージの授受の障害となるすべての要因を意味する（石井ら 1997）．ノイズの種類には，物理的ノイズ，心理的ノイズ，生理的ノイズ，社会・文化的ノイズ，などが考えられる．物理的ノイズ（physical noise）とは，雑音，騒音などの物理的原因で発生するものや，コミュニケーションが行われている物理的環境や外的要因としての部屋の広さ，照明，温度，湿度等も関係し，人体が不快と感じる状況では物理的ノイズのレベルが高まり，コミュニケーションへの集中力も途切れることがある．

　心理的ノイズ（psychological noise）とは，話し手と聞き手の内的要因に起因するもので，その話題に関する興味・関心がない場合や何らかの心配や不安がある場合，コミュニケーションはスムーズに展開しない場合がある．

　生理的ノイズ（physiological noise）とは，頭痛・腹痛など身体的苦痛を伴うもので，体調が悪くコミュニケーションに集中できないときのノイズを意味する．このような状況では，コミュニケーションへの積極性も減少してしまうであろう．

　社会・文化的ノイズ（socio-cultural noise）とは，日本語でコミュニケーションを図る時に性別や年齢，社会的地位によって，言葉使いや礼儀などの言動を変化させなければならないが，そのような社会的・文化的慣習は，英語という言語観には反映しにくい場合がある．例えば，「あなた」という日本語は時と場合によって「先生」，「君」，「お客様」など，その場のコミュニケーション状況によって呼び方を変えるが，英語の場合は"you"という言葉一つで事が済むというように，コミュニケーションはその社会やその文化の規範や制限を絶えず受けている．

　また，中にはどうしても英語に翻訳しづらい表現が社会・文化的ノイズになってしまう場合がある．例えば，「よろしくお願いします」，「お世話になります」，「ご苦労様です」，「お疲れ様です」，「すみません」などは，日常生活の中で頻繁に

使われているが，そのまま直訳してしまうと英語のコミュニケーション文脈には合わなくなってしまう場合がある．

　初対面の大人同士の会話で，日本人がアメリカ人に対して，会話の最後の部分で社交辞令として「それでは，よろしくお願いします．」を，"I hope you take care of me." などと直訳した英文を言ってしまうと，自立心や独立心を尊ぶアメリカ人にとっては迷惑と思われてしまう．よって，このような状況では，"It's really nice to meet you." や "It's great to get to know you." などと異訳で対応したほうがよい．会話の終わりに，よく「すみません」とつけることがあるが，これも "I'm sorry." ではなく，"Thank you." と異訳したほうが適切な場合がある．また，一般的に年下の人には「ご苦労様です」と言い，目上の人には「お疲れ様です」と言う習慣が日本語にはあるが，英語コミュニケーションで年上の人に「お疲れ様です」を "You must be tired." と翻訳して言うと，相手から "I'm not tired. I am not that old." という返答が来るかもしれない．よって，日本語の「お疲れ様です」や「お疲れ様でした」を英語で言うとすれば，"How are/were things?"，"How is it going?" や "How was it?"，"How did it go?" などが考えられる．別れ際の「お疲れ様です」は，"See you tomorrow." や "See you soon." でもよい．

　上述のように，その社会・文化的規範・制限等を十分理解していない場合，ノイズが発生しコミュニケーションをうまく図ることができなくなってしまうことがある．以上，コミュニケーションの定義，分類，そして構成要素について述べてきたが，コミュニケーションとは単なる会話を示すものではなく，発話行動やコミュニケーション状況には様々な要因が絡んでおり，コミュニケーターの努力のみでは解決できない問題をはらんでいる場合がある．コミュニケーションの構成要素をまとめると表 4.1 のようになる．様々なコミュニケーションの要素を用いながら，対人コミュニケーションの場合コミュニケーターは，コミュニケーションの文脈やノイズの影響を受けつつも表 4.2 のような対応を行っている．

　コミュニケーションには，上述のようにかなり多くの要因が絡んでいるため，それぞれのコミュニケーターが意図する方向へ進めばよいのだが，ノイズが発生し意図しない方向へ展開していく場合も十分ありうる．人間は言語と非言語の両方を使いながらコミュニケーションをしている．言葉では，「いいですよ」と言いながらも表情（非言語コード）が真逆であったりすると，相手は理解に苦しむ．相手に自分の意志表示を明確に伝えるためには，言語と非言語のシンボル的意味が一致している方がわかりやすい．人間のコミュニケーションを大別すると言語

表 4.1　対人コミュニケーションの構成要素

用語	英訳	内容
話し手	speaker	話しをする人
聞き手	listener	話しを聞く人
コミュニケーター	communicator	コミュニケーションを図る人
シンボル	symbol	言語や非言語
メッセージ	message	情報，意味，感情，関係を含む
チャネル	channel	視覚や聴覚等メッセージをのせる経路
記号化	encode	相手に伝える内容（言語や非言語等の記号）を構築する
解読化	decode	相手が伝えてきた内容（言語や非言語等の記号）を解読・解釈する
反応	feedback	相互コミュニケーターへの反応
共感的感情	empathy	相手への共感・同情
反応への対応	feedback adaptation	相手からの反応への返答や対応
文脈・状況	context	コミュニケーションが行われている文脈や状況で，時，場所，環境，雰囲気，社会，文化を含む
コミュニケーションへの積極性	willingness to communicate	コミュニケーションを積極的に図ろうとする態度
ノイズ	noise	コミュニケーションの阻害要因

表 4.2　対人コミュニケーションの構図

話し手（speaker）	聞き手（listener）
・メッセージの記号化と発信（encoding and sending message） ・相手の反応の解読化（decoding listener's feedback） ・相手の反応への対応（feedback adaptation）	・メッセージの受信（receiving message） ・メッセージの解読化（decoding speaker's message） ・相手への反応（feedback adaptation）
コミュニケーション文脈（社会文化的・物理的・時間的文脈） （context: sociocultural, physical, time）	
ノイズ（物理的，心理的，生理的，社会・文化的） （noise: physical, psychological, physiological, socio-cultural）	

コミュニケーションと非言語コミュニケーションに分けられるが，次節では主に英語学習者にとって必要な内容について述べる．

4.3　言語コミュニケーション

本節では，言語コミュニケーション（verbal communication）について，言語

獲得と知覚，イギリス英語とアメリカ英語の違い，英語的発想について論じる．

4.3.1 言語獲得と知覚の問題

　チョムスキー（Chomsky 1965）は，人間は生得的に言語獲得装置（LAD：language acquisition device）をもっていると指摘した．チョムスキーが言語獲得装置という考え方を示した後，心理学者のブルーナー（Bruner 1983）は，子どもが言語を獲得していくプロセスとして言語獲得支援システム（LASS：language acquisition support system）も重要であることを指摘した．つまり，子どもの側に親がいたとしても，聴覚障害などの言語障害があったり，責任放棄で子どもを隔離したりするなど言語を自然に獲得できない異常な環境では，子どもは十分に言語習得ができない．よって，言語獲得装置が機能するには，その子どもが生まれ育った環境が正常な状態であり，その子どもを育てる保護者が側にいて，積極的にコミュニケーションを図り相互作用を繰り返すなど，自然に言語を獲得できる環境が整っているという条件が必要である．

　人間の子どもの脳は誕生のときから驚く速さで発達し，その言語環境で成長していくために必要な言語の発音，音調，抑揚などを自然に習得していく．赤ちゃんは親あるいは保護者の呼びかけに対してリスニングから始まり，赤ちゃん独特の言葉である喃語や表情，身体の動きなどでコミュニケーションをしながら徐々にスピーキングに移行していく．

　言語を聴覚で聞いてそれを音声で復元するというタスクは，成長の段階と発音器官の発達とともに次第に大人に近い発音が可能になり，次の段階としてリーディングやライティングなどができるようになっていく．ここで注目したいのは，言語能力を向上させるためには，一つのタスクだけをやっていてはだめであることが脳の研究からいえることである．シルバと會澤（Silva and Aizawa 1993）および會澤（1999）は，ワシントン大学医学部研究チームが公表した陽電子放出断層法（PET）画像から，脳細胞の活動が盛んで代謝が行われている部位は言語をしゃべるとき，言語をおもい浮かべるとき，言語を読むとき，言語を聞くときによって異なることから，言語の獲得や上達には聞く，話す，読む，書くといった4つの技能をバランスよく伸ばす必要があることを指摘した．

　人間には幼児期から思春期にかけて言語習得上きわめて重要な時期があることが，言語の臨界期（critical period）という概念で一般的に説明されている．臨界期とは，レネバーグ（Lenneberg 1967）が用いた用語である．會澤（1999）は，

脳の神経細胞数の発達からみると，誕生から6歳頃までに激増し，14歳頃になると逆に減ることから臨界期の存在を肯定している．宮曽根と會澤（2003）は，発音の習得に関しては研究者の意見は一致していること，外国語においてネイティブスピーカー並みの発音を身につける能力は，子どものほうが年長者よりも優れていることが実証的研究（Sekiya 1988; Long 1990）によって明らかにされていること，発音については右脳が活発な6歳ころまでに発音を習得するのが望ましいことの3点について論じている．西原ら（2017）によれば，大脳再組織の順応性が下がる12歳か13歳を臨界期とレネバーグは定めたが，その後の言語実験からより低い年齢を示す研究もあり，議論の一致はみられないとしている．したがって臨界期は，音韻，語彙，統語習得のどの領域に焦点を当てるかで少し異なってくるものと思われる．より精緻な説明は今後の研究に委ねるとして，次に着目したいのは，その人が成長する社会・文化・自然などの言語環境であり，言語と知覚（perception）の問題である．

例えば，毎日森林を見ながら育った人は，「山」と聞けば緑豊かな山などを思い浮かべるであろう．砂漠で育った人が「山」と聞けば樹木がないどこまでも続く砂丘の山を思い浮かべるように，互いに異なる環境で育ったコミュニケーターの言語と知覚は，たとえ同じ「山」を話題にしていたとしてもイメージするものが異なっている場合がある．外国語の語彙をたくさん教えることは可能であったとしても，知覚の相違を教えることは難しい．同じ英語話者であるイギリス人やアメリカ人にも，このような言語と知覚の問題は存在している．その違いが社会・文化的ノイズとなって，コミュニケーションにずれが生じてしまう場合がある．

4.3.2　イギリス英語とアメリカ英語

英語という同じ言語を話しながらも，その発音や語彙の選択は国や地域によって異なる場合がある．土屋（1995）によると，英語の発音にはイギリス型（イングランド，ウェールズ，南アフリカ，オーストラリア，ニュージーランド）とアメリカ型（アメリカ，カナダ）がある．戦後の教育事情で，どちらかといえばアメリカ英語を教えられてきた日本人英語学習者が，突然イギリス人と話すと，なかなかイギリス英語が聞き取れないことを経験するかもしれない．

同じ英語であるにもかかわらず，このような違いがなぜ生じるのかは，音声学や英語史のなかに答えを見つけることができる．イギリス英語とアメリカ英語の発音の違い（表4.3）であるが，イギリスから清教徒（ピューリタン）たちが新世

表 4.3　アメリカ英語とイギリス英語の発音の特徴

17 世紀のアメリカ植民時代の英語	20 世紀の新イギリス標準語
・r という綴り字があれば，それはどこにあっても [r] と発音された． ・half, last, path, dance の発音は，今日の hat, man の母音と同じであった． ・stop, rob の発音は，father の母音を短くした音であった． ・hate, spade の母音，および，note, rode の母音は単純母音であって，現代イギリス英語のような二重母音ではなかった． ・date, true の母音は現代イギリスな yoo, oo という音ではなく，[iu] であった． ・borne の母音は Ō であって，born の aw という音とは区別されていた． ・talk, draw の母音は，現在より ah という音に近かった． ・what, when における [h] は発音した． ・dictionary, cemetery, dormitory のような語は，第 3 音節に第 2 アクセントがあった．	・[r] は母音の前にきたときだけ発音する． ・half などにおける母音は，father の母音と同じになった． ・stop, rob の母音は位置が移動して，talk の母音の位置に近くまできた． ・hate, spade の母音，note, rode の母音は二重母音となった． ・due, true の二重母音はそれぞれ，yoo, oo という音になった． ・borne の母音は born の母音と同じになった． ・talk の母音は Ō にいっそう近くなった． ・what, when の [h] 音は発音しなくなった． ・dictionary などの語に第 2 アクセントがなくなった．

竹林滋訳（1973/1979）『アメリカ英語の発音』大修館書店，pp.10-11 より作成．

界を目指し，1620 年にメーフラワー号に乗船してアメリカ大陸に移住した時代の英語の名残が現在のアメリカ英語といわれている．17 世紀にアメリカの植民が始まった当時のイギリス英語の標準語の特徴と，18〜19 世紀にかけて起こった産業革命以降の 20 世紀の新しいイギリス標準語の発音は，同じイギリス英語ではありながらかなり変化している．つまり 18 世紀から 19 世紀にイギリスで起こった産業革命はロンドンに人口の集中をもたらし，そのロンドンを中心として新標準語が形成されていくが，当時のコミュニケーション手段は限られており，遠いアメリカ大陸に渡った者たちは以前の発音である 17 世紀のイギリス英語の特徴を受け継いでコミュニケーションをしていた．それが現在の一般米語の特徴として残ったものと考えられる．

今日，ハリウッドの映画が全世界に配給されていることを考えれば，アメリカ映画とイギリス映画とで発音の違いがあることにすぐ気づくであろう．また，アメリカの映画の特徴として，アメリカ的ヒーローを際立たせるうえで対峙する悪役にあえてイギリス的発音で話させるという手法も使われている（例：映画『ライオン・キング』主人公のシンバはアメリカ英語の発音，叔父のスカーはイギリス英語の発音）．

表 4.4　アメリカ英語とイギリス英語の語彙の相違
（Musman 1982: 12-13 より一部抜粋）

American English	British English
elevator	lift
faucet	tab
drapes	curtains
apartment	flat
antenna	aerial
sidewalk	pavement
truck	lorry
garbage, trash	rubbish
check	bill
to line up	to queue
candy	sweets
rent a car	hire a car
subway	underground railway
first floor	ground floor

　イギリス英語とアメリカ英語の違いは，発音のほかに，語彙やスペルの使い方も異なっている．マスマン（Musman 1982）は，アメリカ英語もイギリス英語も文章にそれほど大きな相違はないが，語彙の使用でその相違が際立っていることを指摘している（表 4.4）．

　例えば，"I will see you on the first floor." と待ち合わせの場所を約束したとする．アメリカ人は 1 階のつもりでも，イギリスでは 1 階は ground floor，2 階が first floor なので，相手のイギリス人は 2 階で待っていたということもある．また，アメリカ英語で elevator は，イギリス英語では lift という．よって，アメリカであれば "Excuse me, where is an elevator?" と聞くべきであり，イギリスならば "Excuse me, where is a lift?" と聞くべきであろう．

　ある日本人観光客の連れがロンドン滞在中大けがをして病院に搬送されたところ，主治医から「これから theatre に彼女を連れていく」といわれ，「夜中に theater（劇場）?」と一瞬怯んでしまったそうだが，イギリス英語とアメリカ英語には違いがあることを思い出し，とっさに theater（イギリス英語のスペルは theatre）とは operation room（アメリカ英語では手術室）であると解釈をしたとのことである．

　英語が植民地政策で全世界に広がり，そのときの発音がその地で定着してしまうということは自然の成り行きであったともいえる．そのことを英語コミュニケ

ーションの際には注意したい．次に，日本語と英語という言語における発想法の違いについて触れておく．

4.3.3 英語的発想

英語でのスピーチやプレゼンテーションを聞くと，日本語的発想とは若干異なることを感じることがあるだろう．最近は，アメリカのカリフォルニア州の TED (Technology Entertainment Design)が開催している講演会などのプレゼンテーション画像を容易に視聴することができるようになり，英語的思考に慣れ親しむ機会も増えてきた．しかし，日本人の英語学習者が西洋的思考を習得するのは，それほど容易なことではない．

西田とグディカンスト (Nishida and Gudykunst 1986) は，日本人のスピーチは抽象論と一般論が多いが，英語でのスピーチの場合は主張の理由 (reason)，確証 (support) や証明 (proof) という構成が一般的であると指摘した．また，英語でのスピーチでは，ユーモアやジョークなどが，話者と聴衆間のアイスブレークとして導入部分で用いられるケースが多い．対照的に，日本語でのスピーチでは謙遜の言葉が冒頭で用いられる場合が多い．このことは，英語と日本語の発想の相違といえる．

しかし，日本でもビジネスシーンでのプレゼンテーション方法の研究書が数多く出版されるようになり，プレゼンテーションの構成は，序論，本論，結論の三部構成にすることや，論理的な話をするためには，どのような主張にも，根拠と理由，および理由の裏付けが必要であることを説くトゥールミン・モデル (Toulmin, S. によって示された model) などが紹介されている (福井ら 2014)．よく，大学などの英文ライティングや期末レポート提出の際に指摘されることであるが，英語の発想では最初に結論があり，その結論に至る経過として確証や証明となる情報や客観的データなどが使われる．また，一つの英文パラグラフ自体も，そのような構成になっている場合が多い．

英語での発想トレーニング方法として，アリストテレスが理論化した推論の形式である三段論法 (syllogism) も取り入れたい．三段論法とは，間接推理のなかの演繹的推理であり，①すべての M は P である，②すべての S は M である，③すべての S は P である，のように二つの前提から一つの結論を導き出す推理である (松村 1988)．論理的な思考法においては，主観的視点 (subjective point of view) と客観的視点 (objective point of view) を明確にし,客観的視点を補強する統計的

データ (statistical data) や参考文献の利用も考えられる．弁術および論理的構成を扱う分野にレトリック (rhetoric) があるが，紙面の制約上詳しい説明を省くことにする．以上，英語プレゼンテーションやライティングの指導時に意識して思い出したいのが英語的発想の特徴である．また，英語でのプレゼンテーションや会話には，声量，表情，仕草などの非言語コミュニケーションも重要となる．次節では，非言語コミュニケーションについて論じる．

4.4 非言語コミュニケーション

英語コミュニケーションのなかで注意を払わなければならないものに，言語以外による伝達手段である非言語コミュニケーションがある．言語コミュニケーションと非言語コミュニケーションは車の両輪で切り離すことはできない．例えば，自国では謙遜に値する仕草が，否定的に解釈されてしまうことがある．異文化コミュニケーション時には，非言語コミュニケーションの知識が相手に誤解や不快感を与えないためにも重要になってくる．よって，英語コミュニケーションに必要と思われる非言語コミュニケーションについて論じる．

4.4.1 非言語コミュニケーションの役割

非言語コミュニケーション (nonverbal communication) とは，言語以外によるコミュニケーションを意味する．日本の伝統文化である茶の湯においても，所作や形などが重んじられてきた．諺にも「目は口ほどに物をいう」，「沈黙は金なり」などという非言語コミュニケーションに関する表現があり，言葉を介さずに非言語だけでコミュニケーションを図ることができる場合がある．バードウィステル (Birdwhistell 1970) は，コミュニケーション時に非言語が占める割合は65％で，言語は35％であるとしたが，メラビアン (Merhrabian 1972) は，人間の感情を表すメッセージの93％は視聴覚などの非言語であり，わずか7％が言語メッセージであると指摘した．この割合は，コミュニケーター同士がどの程度コミュニケーション状況を共有しているかによっても若干異なってくるものと考えられる．なかには言葉がまったくいらない状況や，すべてを言葉で説明しなければならないときもある．

英語コミュニケーションにおいては，表情，仕草，ジェスチャー，間のとり方などの非言語コード (nonverbal codes) が関わってくる．非言語コミュニケーシ

ョンを学問として捉えて学習することは，コミュニケーション能力を高めるうえでもきわめて重要である．ナップ（Knap 1978）は，非言語メッセージは言語メッセージと関連しており，その役割として強調（accent），補完（complement），矛盾（contradict），調整（regulate），重複（repeat），代用（substitute）という6つの機能があると指摘した．上記機能のほとんどは，言語の意味を補うものであるが,「矛盾」とは言語的意味とは反対の非言語メッセージを送る場合を指す．例えば，言葉では「きらい」と言いながら顔では「すき」と訴えている場合などが挙げられる．次に非言語コミュニケーションの分類について述べる．

4.4.2 非言語コミュニケーションの分類

非言語メッセージを大別すると，音声を伴う非言語音声分野と音声が伴わない非言語非音声分野に分けられる．非言語音声分野のコミュニケーション研究としては，音調学（vocalics）が挙げられる．どのような場所で抑揚やポーズをとるか，どのような音調表現が感じがよいか，どの声が声優やアナウンサーに適切か，などを扱うのが音調学の分野である．

音声を伴わない非言語非音声分野には，対物学（objectics），動作学（kinesics），接触学（haptics），嗅覚学（olfactics），近接空間学（proxemics），時間学（chronemics）などがある（末田・福田 2016）．ここでは，英語コミュニケーション時に必要と思われる項目を取り上げる．

a. 対物学

対物学は，その文化・社会的伝統や習慣，その時の流行などが目に見える形で表れる表層文化的側面をもつ．具体的には，服装，髪型，装飾品，所持品，街並，インテリアなど我々を取り巻く物質的なものすべてが入る．ルベン（Ruben 1985）によると，服装や装飾品は，装飾，身体的・心理的保護，性的魅力，自己主張，自己否定，隠匿，集団一体化，地位・役割の誇示などの機能をもつ．

日本にも冠婚葬祭などのドレスコードはあるが，西洋にも日本とは異なるシーンでのドレスコードが存在している．今日，日本人は比較的マナーがよいといわれているが,海外で日本式マナーが通用せず批判を受けた時代もあった．例えば，バブル期の海外旅行ブームで海外旅行者が比較的増加した時期に，ニューヨークやパリの高級ホテルの廊下を浴衣とスリッパで歩き，ネクタイなしやスニーカーのままで高級レストランに入ろうとして拒否されるなど，経済力はあってもマナー知らずという批判を受けたことがあった．

時間の経過とともに，海外における服装に関する TPO（time, place, occasion）はしだいに改善していった．言葉を変えれば，日本人は異文化における非言語コードを学習し適応したといえる．しかし，未だに海外旅行だからとこれみよがしのファッションをし，大都会の危険地域を一人歩きしてスリや犯罪のターゲットになる人もいる．また，海外の観光地では肌を露出した服では入れない施設もある．対物学の知識を学ぶことにより，それぞれのコミュニケーション状況で適切な行動ができるようにしたい．

b. 動作学

表情・仕草・視線・身体動作など，我々の視覚に入ってくる情報は動作学の分野になる．モリス（Morris 1977, 藤田訳 1980）によると，動作には生得動作（学ぶ必要のない動作），発見動作（自分で発見する動作），同化動作（仲間から獲得する動作），訓練された動作（教示されなければならない動作），混合動作（種々の方法で獲得される動作）などの種類が挙げられる．あるハンドジェスチャーは，日本の場合と反対の意味をもつものがある．例えば，日本で「こちらに来て」というハンドジェスチャーは，欧米人には「あっちに行きなさい」という反対の意味に解釈される．また，日本で写真を撮るときによく見られるピースサインも国によっては失礼な意味になる場合もあるので，気をつけなければならない．

また，会話をしているときの欧米人の表情やしぐさは，日本人同士の場合よりも表現方法が明確である場合が多い．表情の研究で有名なエックマンとフリーセン（Ekman and Friesen 1975, 工藤訳編 1987/2017）によれば，100 年以上前にチャールズ・ダーウィンが，感情を表す顔の表情が万国共通であって，それぞれの文化で別々に学習される性質のものではなないと言及し，その後エックマンとフリーセンの研究で人間の喜怒哀楽（happiness, sadness, anger, fear, surprise, disgust, interest）の感情と表情筋にはつながりがあり，一部例外もあるが人類共通であることが指摘されたということである．その後の研究では，これに情動も加えられ，より深い研究が行われるようになった．

一般的に英語という言語は "yes" と "no" がはっきりしていることから意思表示が明確であり，表情も日本人よりは明確という傾向がみられる．無表情で挨拶を交わすよりは微笑み（smile）ながらコミュニケーションを図ることは心理学的にも意味があり，微笑は人間関係構築においては無条件の肯定的関心を相手に与えるという効果がある．よって，英語で会話をするときには相手の目を見て話すことや，微笑みながらコミュニケーションを始めることで緊張感や不安を和らげる

ことができる．

　アメリカに留学して間もない日本人留学生が大学のキャンパス内で人とすれ違う際に，知らない相手が微笑みながら"hi!"と挨拶をしてきて驚いたということがある．そのときの挨拶・アイコンタクト・スマイルは，単なる儀礼としての挨拶であり，そのような状況では，"Hi!"や"Hello!"と挨拶するのがマナーである．同様のことは，宿泊先ホテルのエレベーター内，あるいはハイキングや狭い登山道ですれ違う際にも起こりうる．ただし，スマイルのなかでも日本特有の顔で笑って心で泣いてという「隠し笑い」や「照れ笑い」というスマイルは，異文化の人々にはなかなか理解されないことであろう．

c. 接触学

　日本人同士のコミュニケーションはお辞儀という非接触・視線回避の方法で始まるが，それとは正反対に，欧米人と英語で挨拶やコミュニケーションを図る場合，相手と視線をとり軽く握手をする方法で始まる場合が多い．ラテン系の人々との挨拶では，頬にキスを交わす仕草が一般的である．例えば，日本では子どもを可愛がるしぐさとして，子どもの頭を撫でるという接触方法があるが，タイでは，人の頭は神聖な部位なので他人が触れてはいけない．異性間の接触も含めて，異文化での接触は細心の注意を払わなければならない．

　コミュニケーション上の接触として，愛情・友情の表現やスポーツ選手間でよくみられるハイタッチなどは，チームメンバー間の絆を強める役割がある．最近，日本でもハグ（hug）という言葉がよく使われるようになったが，お世話になった海外からの客が感謝の印として別れ際にハグをしてくる場合がある．そのときに後ずさりしたり狼狽えたりしないことも，異文化コミュニケーション能力の一つといえよう．接触には人類共通の接触の意味や接触の強弱・度合いによっては，不快・暴力と思われることもある．このように，接触の文化的相違などを研究するのが接触学の分野である．

d. 嗅覚学

　我々の日常には，様々なデオドラントグッズ（香りを消す商品）や芳香グッズ（香りをつける商品）が出回っている．体臭を隠すのか消すのか，これも個人や文化によって判断が異なってくる．香水などで体臭を限りなく消そうとする文化があれば，他方では香水を使うことを邪道とする文化もある．芳香効果を心理的リラクゼーションに応用したアロマセラピーなどもある．欧米ではクリスマスの季節になると，キャンドルやジンジャークッキーなど芳香性のあるグッズが多用さ

れ，その季節ならではの香りを体験することができる．日本の春は桜のほのかな香りを，ハワイではプルメリアの甘い香りというように，その国やその地域には，その地特有の香りがあることを理解しつつ，異国のニオイに過剰反応して相手に不快感を与えない心構えをもちつつ，事の良し悪しを嗅ぎ分ける嗅覚は鋭敏に保っておきたい．

e. 近接空間学

挨拶時に相手との距離をどの程度とるべきかなど空間の取り方や使い方を扱うのが近接空間学である．お辞儀の文化では少なくとも 2 m ほどの距離が必要だが，ハグしながら頬にキスを交わす文化ではその半分の距離に立つようにしなければ，相手に冷たい印象を与えてしまうだろう．

ホール（Hall 1969）は，対人距離を親密距離（0～18 インチ：約 0～45 cm），個人的距離（18 インチ～4 フィート：約 45 cm～1.2 m），社会的距離（4～12 フィート：約 1.2 m～3.7 m），公的距離（12 フィート以上：約 3.7 m 以上）の 4 つに分けて，その距離の取り方がどのようにコミュニケーション活動に影響を与えているかについて言及した．

例えば，ビジネスシーンでの距離のとり方は文化によっても異なり，西田とグディカンスト（Nishida and Gudykunst 1986）は，アメリカ人にとっての親密距離（0～45 cm）は中東の人々にとっては社会的距離（1.2～3.7 m）に値するため，近づこうとする中東人と遠ざかろうとするアメリカ人の間に異文化コミュニケーションの問題が発生する可能性があることを指摘した．

日本では，客のもてなしとして座席の位置が上座・下座という区別がある．一般的に出口に近い場所が下座となる．あるアメリカ人を和室で接待したとき，そのアメリカ人が下座を選んで座ろうとした際に，日本でのもてなしのルールを説明したところ，生け花と掛け軸などが飾られている床の間の前に座ることを快諾してくれたという例があった．異文化においても，空間使用のためのルールがあるかもしれないので，それぞれのルールを確認・尊重したいものである．

f. 時間学

時間の使い方・守り方は，個人，社会，文化によって若干異なる．あるイギリス人の ALT（assistant language teacher）が日本滞在中に，普段からお世話になっている日本人の夫婦を夕食に招待した．夕方 6 時に来て欲しいと伝えたはずなのに，その夫婦は何事も早めにと思い，5 時 45 分にその ALT の家を訪ねた．しかし，その時ようやく料理を作り終えた ALT は，最後の 15 分で着替えて身支度を

整え始めるところであった．しかし，玄関のベルが鳴り着替える暇なく日本人の夫婦を迎えざるをえなかったということである．そのALTは，なぜ日本人は時間を守らないのかと少々憤りを感じたそうである．この場合は，その夫婦の時間に関する判断とタイミングが悪かった例といえよう．

　西田とグディカンスト（Nishida and Gudykunst 1986）は，アメリカでは西海岸と東海岸とでは少し時間の使い方が異なり，東海岸で夕方7時にパーティーをする場合，招待客は7：05～7：15の間に到着すべきで7時前に到着すべきではないとしている．西海岸で，30分遅れは許容範囲で，もしパーティーを6：30からスタートしたい場合に西海岸の人は，パーティーは6時からとゲストに伝えるであろうとしている．時間は，早過ぎても，遅すぎても相手に何らかのメッセージを送ることになる．そのタイミングしだいでは，相手に不快な思いをさせてしまうかもしれない．

　また，会話上の沈黙の長さも時間の使い方に入る．同じく，西田とグディカンスト（Nishida and Gudykunst 1986）は，日本人のほうがアメリカ人よりも会話における沈黙の時間が長いことを指摘している（20分間の会話でアメリカ人同士では10秒，日本人間では2分の沈黙が発生した）．英語話者の沈黙の時間は日本人よりも圧倒的に短いことを英語学習者は認識しておくべきであろう．

　ある日本人観光客が，個人旅行でアラスカでもかなり北の町を訪れていたとき，見学を終了した夕方4時頃売店に入り，タクシーを呼んで欲しいとお願いしたところ，タクシーが到着する間に気象は変化し大変なことになり，あなたたちはホテルに戻れなくなるだろうと売店の人がその日本人に告げると，同じ売店にいた現地の人が車を出してくれることになったそうである．このように，一刻を争うような気象条件下に住む人々の時間に対する感覚は，そうではない地域に住む人々とはかなり異なっている．

　時間の流れに，過去，現在，未来という方向性があるように，コミュニケーションにおいても過去志向・現在志向・未来志向という3つの考え方がある．過去の歴史や慣習に行動が規制されたり，過去の失敗や出来事ばかりにとらわれる過去志向があるとすれば，今を優先する現在志向や，未来を物事の中心に置く未来志向もある．どの志向がよいということはなく，そのときのコミュニケーション状況によって，バランスのとれた使い方をするのがよいと思われる．時間（time），タイミング（timing），タイムリーネス（timeliness），時間厳守（punctuality）に関する考え方は，いずれも非言語コミュニケーションとして，人間の相互作用に

重要な意味をもつ．

4.5 異文化コミュニケーション

　異なる文化背景を持つ人とのコミュニケーションを異文化コミュニケーション（intercultural communication）という．学者によっては，異文化間コミュニケーションともいう．これまで日本は，異文化の影響を様々な形で受けてきた．そのルーツは600年頃に聖徳太子が隋に派遣した遣隋使や，その後に続く遣唐使などの公式使節団派遣の時代に溯る．そうした使節団が海外で見聞した異文化を帰国後積極的に取り入れ，母国の繁栄の一助とした．よって，異文化コミュニケーションはその時代からすでに始まっていたといえる．

　日本の異文化交流史上で，日本社会・文化の形成に大きな影響を与えた異文化接触に関する歴史的事件について遠山（1997）は，仏教伝来，鉄砲・キリシタンの到来，江戸幕末・明治維新期の西欧文明の到来，日本の敗戦に伴うアメリカ文明の到来，という4つの局面を指摘した．我が国は，このような異文化接触のなかで異文化を日本社会・文化に取り入れながら現在に至っているが，明治期の文明開化以前に日本人が異文化接触で視覚的にも心理的にも大きなカルチャーショックを受けたと思われる出来事に，1853年のペリーの黒船来航がある．その後，長く続いた鎖国時代（1639～1854）は終わり，1868年から明治時代が始まり欧化政策下で日本人は積極的に西洋の異文化を取り入れるようになった．第二次世界大戦後（1945年以降）は，遠山が指摘するようにアメリカ文明や文化の影響を強く受けるようになった．アメリカの影響は，教育システムを始め資本主義や民主主義の導入のほかに特に物質面での影響が大きく，衣食住の生活スタイルに対しても多大な影響を与えた．

　歴史上における様々な異文化との接触には，接触時から受容の過程に到るまでにはそれなりの葛藤や摩擦もあったはずである．それは，海外に初めて留学した際に異文化との接触によってカルチャーショックを受け，驚き・反発・否定・葛藤・同化などのプロセスを経て異文化に適応していく過程と似ている．国家レベルでも個人レベルにおいても異文化接触時には，何らかの葛藤は生じるものである．よって，次に文化の概念とカルチャーショックについて論じる．

4.5.1 文化

コミュニケーションの定義が数多くあるように，文化（culture）の定義もたくさんある．また，日本国内にも異なる地方文化は存在している．松村（1988）は，文化を「社会を構成する人々によって習得・共有・伝達される行動様式ないし生活様式の総体．言語・習俗・道徳・宗教，種々の制度などはその具体例．文化相対主義においては，それぞれの人間集団は個別の文化をもち，個別文化はそれぞれ独自の価値をもっており，その間に高低・優劣の差はないとされる．」と定義している．

異文化コミュニケーションの研究史上最初と思われる文化の定義は，石井（1990）によると人類学者のエドワード・タイラーが1871年に「文化または文明とは，民俗学誌的な意味では，知識，信仰，芸術，道徳，法律，慣習，その他社会の構成員としての人間によって習得されたすべての能力や習慣の複合総体である」としたことである．

フェラーロ（Ferraro 1990：江夏・太田監訳 1992）によれば，文化は，持つ，考える，行う（have, think, do）という3つの動詞で説明ができるとし，文化は人々が社会の構成員として持ち，考え，そして行うすべてのことと定義したうえで，有形物，思考，価値そして姿勢，規範的あるいは予期された行動パターンなど3つの要素から成立していることを指摘した．フェラーロの3つの文化主要構成要素と同様に石井（1990）は，文化には3局面があるとし，それを精神文化（5感覚を通じての刺激の知覚・認識様式，価値観，世界観，態度，思考様式などの内面活動）と，行動文化（精神文化を意識的あるいは無意識的に表現する行動様式，日本語を用いる言語行動，顔の表情や身振りなどの非言語行動），物資文化（衣食住，物質そのものよりも物質がもつシンボル性，目的および用法）とした．

さらに石井（2001）は，文化とは特定の状況に対して人々がほとんど無意識に使う「暗黙のルール」であり，生活上の諸問題の解決に向かう行動において「司令塔」の役割を果たしていると述べている．では，英語学習者はどのように文化を学習していけばよいのであろうか．

文部科学省によると，英語を公用語・準公用語としている国は54カ国で，世界の英語使用人口は約21億人（2005年現在）である．国連のデータによれば世界人口総数は約73億人（2017年現在）である．英語の非母語話者を含めれば英語使用人口数はかなりの数になることが予測できる．また，英語はリンガ・フランカ（Lingua Franca）と呼ばれる国際共通語として外交や国際ビジネス，またイン

ターネット上で用いられていることを考慮すれば，その使用国家や地域と使用人口は地球規模であるといっても過言ではない．

したがって，英語学習者がどの国の人々と英語コミュニケーションを図ろうとしているかによって学習すべき文化は異なる．例えば，英語の授業でアメリカ英語を扱っているのであればアメリカの文化を，イギリス英語を扱っているのであればイギリスの文化を，あるいはその英語の授業を補助している ALT の出身国の文化でもよいし，海外研修先の文化でもよい．大切なことは，英語学習者が，それぞれの文化には特徴があり自国の文化とは異なる部分もあれば共通する部分もあるということを理解することである．

前述したように，文化とコミュニケーションには密接な関係にある．文化を学習する際に気をつけたいのは，文化学習とは文化に優劣の差をつけるのではなく，どの文化にもそれぞれよい面があるという文化の多様性を容認する文化相対主義（cultural relativism）的立場で学習すべきであろう．国際化が進むなかで人々の流動性（mobility）が高まる昨今，海外で生まれてそこに暮らす日本人もいれば，アメリカ人でも長年日本で暮らし日本に溶け込んでいる人もいる．また，家庭自体が国際結婚により複数の言語・文化環境となり，そのような条件下で育つ人もいることから，日本人＝日本文化，アメリカ人＝アメリカ文化という図式が成り立たない場合もある．そのことを踏まえつつ文化学習としては，文化が意味するもの，言語・非言語と文化の関わり，社会システム（政治，経済，法律，教育，公共機関の機能等），日常生活習慣（挨拶行動，衣食住，年間行事等）の 4 領域を網羅していることが望ましい．現代は，インターネットで簡単にその国の文化や習慣などを調べることができるので，英語学習者にとっては大変恵まれた時代といえる．しかし，海外研修中にその国の文化事情や生活習慣等をその場で検索できたとしても，異文化理解の事前学習など異文化交流の準備にかける時間が不足していると，コミュニケーション不全やカルチャーショックなどの状態に陥りやすい．次にカルチャーショックについて論じる．

4.5.2 カルチャーショック

カルチャーショック（culture shock）という言葉は，オバーグ（Oberg 1960）が初めて用いたといわれている．石井ら（1997）は，カルチャーショックを「自分にとって馴染みのない新しい風土や生活圏で暮らすことになると，自分では当然と思うこともその社会では不適切であったり，初めて出会う新規な事情に戸惑

ったりすることから，移り住んだ当初，あるいはしばらく後に，違和感や心身症状を伴う心理的な衝撃あるいは強いストレスを体験することがある．これをカルチャーショックと呼ぶ．」と説明している．

　カルチャーショックは，自分の所属する文化が最高であるとする自文化中心主義あるいは自民族中心主義（ethnocentrism）の思想をもつ個人ほど陥りやすい．また，異文化不適応を助長し，異文化コミュニケーションを阻害するものとして，先入観（preconception），偏見（prejudice），固定観念（stereotype）などがある．海外研修で数週間外国に滞在した学生のなかには，カルチャーショックを受けたとする者とまったく受けなかったという者もいることから，カルチャーショックには個人差があり，ショックを受ける度合いも人によって異なるものと考えられる．

　今日，IT（information technology）の発達で海外渡航や留学前にグーグル検索を用いて訪問先や宿泊先，そして町並みも映像を見ながら視覚的に確認できるようになった．実際，YouTubeでその国の地下鉄の切符の買い方や観光名所などを事前に見ることができる場合もあり，少なくとも対物学的領域でのカルチャーショックはかなり軽減できる時代となったといえる．しかし，物事の判断や価値観の基本となる知識や教養は一夜にして身につくものではない．

　また，カルチャーショックのなかには，逆カルチャーショック（reverse culture shock）というものもある．仕事や留学等で長期海外滞在をした後に帰国すると，自国の価値観や習慣，社会的システム，性別的役割，言語・非言語コミュニケーションに至るまで改めて異文化との比較が鮮明になり，自国文化から逆にショックを受ける場合を意味する．帰国子女と呼ばれる人々が逆カルチャーショックで苦悩していることがクローズアップされたことがある．外国で身につけたものを捨てる「外国剝がし」を余儀なくされ，いじめに遭った帰国子女たちは，日本人としてのアイデンティティのもち方に苦慮したに違いない．そうしたいじめは，帰国子女に対する一種の自文化優越主義の延長による態度で，文化に優劣の判断を下さないとする文化相対主義の立場からかけ離れた行為といえる．文化相対主義を学習し，それを認識レベルでも実践することの難しさを「外国剝がし」の例が物語っている．裏を返せば，それは異文化コミュニケーション力の欠如ともいえる．次節では，コミュニケーション能力について論じる．

4.6 コミュニケーション能力

　コミュニケーション能力とは，人が人間社会で生きていくうえで，あるいは社会を構成する一員として家庭，学校，職場，組織などで求められる能力であり，英語教育のなかでもコミュニケーション能力の育成は重要な課題の一つに挙げられる．コミュニケーション能力は，視覚や聴覚経路から入る言語情報のインプット（input）や，話す・書くというアウトプット（output）の回数や頻度を単純に増やせば必ず向上するというものではなく，系統的学習や専門家のアドバイス，そしてコミュニケーションを実践する機会などが必要である．コミュニケーション能力は評価方法や判断の基準がどこか（locus of judgement）によっても若干異なってくる．つまり，評価する人が自分自身なのか，教師なのか，あるいはその分野の専門家なのかによって変化する場合がある．例えばコミュニケーションへの積極性が向上しているかどうかは，ペーパーテストだけでは測れないものがある．

　対人コミュニケーションは相手があってコミュニケーションが成立するので，言語能力の他に対人能力も必要となる．コミュニケーション能力の定義は，言語学的アプローチとコミュニケーション学的アプローチとで若干異なる．次項では，コミュニケーション能力の定義について論じる．

4.6.1 コミュニケーション能力の定義

　言語学的アプローチでは，コミュニケーション能力 "communicative competence" という表現が使われており，代表的なものにカナールとスウェイン（Canale and Swain 1980）の，文法能力（語彙項目や形態論，統語，意味，音声の規則についての知識），社会言語能力（社会文化規則と談話規則に下位分類され，発話の社会的意味を解釈するために重要な知識），方略的能力（コミュニケーションの失敗を補償するために実行される言語的・非言語的ストラテジー）がある．

　コミュニケーション学的アプローチでは，コミュニケーション能力を "communication competence" といい，セラーズとスタックス（Sellers and Stacks 1991）は，コミュニケーション能力を「置かれた状況でコミュニケーション活動が整然とある一定の規則に則りながら図ることができるよう，情報を適切に処理すること（the individual's ability to properly process information in such a way that communicative behaviors occur in some orderly, rule-governed way)」と定義している．スピッツバーグとクパック（Spitzberg and Cupach 1984）は，コミュニケーション能力の構成要素として，「様々な社会的状況でコミュニケーションに対するその個人のアプローチの仕方や回避を含む動機づけ（motivation: an individual's approach or avoidance orientation in various social situations）」，「行動計画や行動の仕方，段取りのための知識（knowledge: plans of action; knowledge of how to act; procedural knowledge）」，そして，「実際に行動を遂行するためにとられたスキル（skills: behaviors actually performed）」を挙げている．石井ら（1990）は，内面的活動能力，記号操作能力，場面的能力，戦略的能力とこれらをまとめる統合制御能力をコミュニケーション能力の構成要素として取り上げている．アドラーら（Adler et al. 2013）は，コミュニケーション能力を，その人が目的を達成できる能力であるが，それは個人にとっても他者にとっても適切なもので承認・許容できるものでなければならない（the ability to achieve one's goals in a manner that is personally acceptable and, ideally, acceptable to others）と言及している．

英語学習者にとって必要なコミュニケーション能力とは，英語という言語記号を介して自分と他者の間で起こる対人相互作用のなかで対応する言語コミュニケーション能力と非言語コミュニケーション能力，そして異文化コミュニケーション能力の3要素が含まれていなければならない．英語力が高まりグローバル化社会で活躍するようになればなるほど異文化コミュニケーション能力の他に，よりハイレベルでの言語・情報処理力や文化・社会・対人能力など多文化人間（multicultural person）として相応しい能力が求められるようになる．多文化人間とは，一つの文化に行動や価値基準が準拠するのではなく，本人がその時に置かれた文化や状況において求められる言動パターンができるグローバル人を指す．

第二次世界大戦後の日本社会・文化の形成に大きな影響を与えたのがアメリカ文化だとすると，その次の大きな波としてグローバル化とIT（information technology）やAI（artificial intelligence）が挙げられる．次に，21世紀のコミュニケーション能力について考えてみる．

4.6.2　グローバル化時代のコミュニケーション能力

IT，情報通信・交通網・経済的発展により，世界はますますグローバル化している．グローバル社会の市民として何を意識しなければならないのであろうか．モレイズとオグデン（Morais and Ogden 2011）は，グローバルシティズンシップ

(global citizenship) には，社会的責任 (social responsibility)，グローバル時代の能力 (global competence)，グローバル市民として責務 (global engagement) の3つが含まれると論じている．

　グローバル化と経済的発展は必ずしも地球市民に等しく繁栄をもたらしたわけではなく，経済格差，地域紛争，民族紛争，テロなどの問題を露呈した．グローバル化時代に通用するためのコミュニケーション能力を習得するためには，どの文化においても適用できる文化普遍型知識の他に，関わろうとする地域・国家の文化特定型知識が必要になる．さらに，高度情報化の時代である現代の特徴に，人口知能 (AI) の発達が挙げられる．IT や AI の利用により，異文化の人々とのコミュニケーションも同時翻訳通訳機能で可能となるであろうが，翻訳・通訳のタイムラグが生じることやコミュニケーション上の微妙なコンテクストを認識した翻訳・通訳までが可能かどうかは疑問の余地が残る．ただし，圧倒的な情報の蓄積と処理力により，英語をはじめとする外国語の習得と異文化コミュニケーション学習のツールとしての活用が期待される．

　しかし，どんなに IT や AI が発達したとしても，人間が人間であり機械でない限り，コミュニケーションの究極的な能力としての共感的感情 (empathy) なしに，人間間の問題を解決できるとは思えない．英語学習者の最終到達目標には，21世紀というグローバル化時代にふさわしい言語・非言語コミュニケーションの知識やスキルと文化普遍型と文化特定型という文化概念の理解，および共感力などが含まれていることが望ましい．

より深く勉強したい人のために

- 末田清子・福田浩子（2016）『コミュニケーション学―その展望と視点―〈増補版〉』松柏社．
　　日本語でコミュニケーション学全般について学習できる．
- Adler, Ronald B., Lawrence B. Rosenfeld and Russell F. Proctor II (2013) *Interplay*. New York, NY: Oxford University Press.
　　対人コミュニケーションの基本，言語・非言語コミュニケーション，コミュニケーション・コンテクストなどコミュニケーション全般について学習できる．
- Hannawa, A. N. and B. H. Spitzberg (Eds.) (2015) *Communication Competence*. Handbooks of Communication Science. Vol. 22. Berlin/Boston: Walter de Gruyter GmbH.
　　コミュニケーション能力について，概念，研究史，評価方法など多角的に学習できる．

文　献

會澤まりえ（1999）「児童英語教育をめぐって」『尚絅女学院短期大学研究報告』**46**: 83-93.

石井敏（1990）「文化とは」古田暁（監修）『異文化コミュニケーションキーワード』有斐閣，2-12, 188-189.

石井敏・久米昭元・遠山淳・平井一弘・松本茂・御堂岡潔（編）(1997)『異文化コミュニケーション・ハンドブック』有斐閣，273-274.

石井敏・久米昭元・遠山淳（2001）『異文化コミュニケーションの理論』有斐閣，111.

エックマン，P.・W. V. フリーセン（1975）／工藤力（訳編）(1987/2017)『表情分析入門』誠信書房．

遠山淳（1997）「日本の異文化交流史」石井敏ほか（編）(1997)『異文化コミュニケーション・ハンドブック』有斐閣，106-110, 226.

竹林滋訳（1973/1979）『アメリカ英語の発音』大修館書店．（原著 Kenyon, Samuel. J.（1951）*American Pronunciation,* 10th edition, Ann Abor, Michigan: George Wahr Pbulishing Company.

土屋澄夫（1995）『英語科教育法入門』研究社，46.

西原哲雄（編）(2017)『朝倉日英対照言語学シリーズ［発展編］2　心理言語学』朝倉書店．

フェラーロ，G.（1990）／江夏健一・太田正孝（監訳）『異文化マネジメント―国際ビジネスと文化人類学』同文館出版，33.

古畑和孝（編）(1986)『人間関係の社会心理学』サイエンス社．

福井有（監修）(2014)『プレゼンテーション概論』樹村房，34.

松村明（編）(1988)『大辞林』三省堂，2158.

末田清子・福田浩子（2016）『コミュニケーション学―その展望と視点―〈増補版〉』松柏社，13, 14, 142.

モリス（Morris, D. 1977）／藤田統訳（1980）『マンウォッチング』小学館，10-21.

宮曽根美香・會澤まりえ（2003）「地域ですすめる児童英語教育―仙台市の取り組み―」東北工業大学紀要Ⅱ：人文社会科学編 **23**（別冊）: 1-11.

宮原哲（2009）『〈新版〉入門コミュニケーション論』松柏社，43-49.

目黒恒夫・會澤まりえ・呉正培・黄梅英・孟慶栄・孫成志（2017）「異文化コミュニケーションにおける大学生の自己開示に関する比較研究―日中韓大学生の比較を中心に―」『尚絅学院大学紀要』**74**: 45-61.

Adler, Ronald B., Lawrence B. Rosenfeld and Russell F. Proctor II（2013）*Interplay,* New York, NY: Oxford University Press, 20-26.

Birdwhistell, Ray L.（1970）*Kinesics and Context,* Philadelphia, PA: University of Pennsylvania Press.

Bruner, Jerome（1983）*Child's Talk: Learning to Use Language,* New York, NY: Horton.

Canale, Michael and Merrill Swain（1980）"Theoretical Bases of Communicative Approaches to Second Language Teaching and Testing." *Applied Linguistics* **1**: 1-47.

Chomsky, Noam（1965）*Aspects of the Theory of Syntax,* Boston, MA: MIT Press.

Hall, Edward T.（1969）*The Hidden Dimension,* New York, NY: Doubleday.

Jourard, Sidney M. (1971) *Self-disclosure: An Experimental Analysis of the Transparentself,* New York, NY: Wiley-Interscience.
Knap, Mark L. (1978) *Nonverbal Communication in Human Interaction,* New York, NY: Holt, Rinehart, and Winston.
Lenneberg, Eric (1967) *Biological Foundations of Language,* New York, NY: Wiley.
Long, Michael (1990) "Maturational Constraints on Language Development." *Studies in Second Language Acquisition* 12: 251-285.
Merhrabian, Albert (1972) *Nonverbal Communication,* Chicago, IL: Aldine-Atherton.
Morais, Duarte B. and Anthony C. Ogden (2011) "Initial Development and Validation of the Global Citizenship Scale". *Journal of Studies in International Education* 15: 445-466.
Musman, Richard (1982) *Background to the USA,* London: Macmillan.
Nishida, Hiroko and William Gudykunst (1986) *American Communication Patterns.* Tokyo: Kinseido, 21-23, 39-41, 81-83.
Oberg, Kalervo (1960) "Culture Shock: Adjustment to New Cultural Environments." *Practical Anthropology* 7: 177-182.
Ruben, Brent D. (1985) edited with notes by Nishida, Tsukasa. *Nonverbal Codes,* Tokyo: Kiriharashoten, 26.
Silva, Willetta and Marie Aizawa (1993) "Neurolinguistics: Significant New Findings." Paper Presented at 23rd Annual Convention of Communication Association of Japan, June 25-26, 1993. Kokura, Japan.
Sekiya, Yasushi (1988) "Factors Influencing the Acquisition of Second Language Phonological Competence: Children versus Adults." *JALT Journal* 10: 57-76.
Sellers, Daniel E. and Don W. Stacks (1991) "Toward a Hemispheric Processing Approach to Communication Competence." In: Booth-Butterfield, M. (ed.) *Communication, Cognition and Anxiety,* Newbury Park, CA: Sage Publications, 46-47.
Spitzberg, Brian H. and William R. Cupach (1984) *Interpersonal Communication Competence,* Beverly Hills, CA: Sage, 119-137.

（参照サイト）
「ポール・エックマンの表情研究」https://www.paulekman.com/wp-content/uploads/2013/07/Universal-Facial-Expressions-of-Emotions1.pdf#search=%27neurocultural+theory+of+emotion%27（最終アクセス日2017.11.13.）
「英語話者数」http://www.mext.go.jp/b_menu/shingi/chukyo/chukyo3/015/siryo/05120501/s003.pdf#search=%27（最終アクセス日2017.11.25.）
「世界人口総数」https://unstats.un.org/unsd/demographic/products/vitstats/serATab1.pdf（最終アクセス日2017.11.25.）
文部科学省「2016年度英語教育調査」http://www.mext.go.jp/component/a_menu/education/detail/__icsFiles/afieldfile/2017/04/07/1384236_01_1.pdf（最終アクセス日2017.12.11.）

第5章　英語教育と第二言語習得研究

小島さつき

　第二言語習得（second language acquisition：SLA）研究とは，人が母語（mother tongue）以外の言語をどのような発達段階を経て習得していくのか，そのメカニズムを解明する研究分野である．第二言語学習者は，どのようにして限られたインプットから新しい言語のシステムを構築していくのか，なぜ大抵の第二言語学習者は，上級レベルに達しても母語レベルまで第二言語を習得することができないのか，第二言語（L2）が早く上達する人とそうでない人に違いはあるのだろうか．また，母語に関係なく，第二言語を習得する際に決まったパターンや規則はあるのか，インプット（input）とアウトプット（output）のどちらが第二言語習得に重要なのか，母語習得（first language acquisition）と同じメカニズムで第二言語も習得されていくのか，母語は第二言語習得に影響しないのかなど，SLA研究は，その他にも様々な研究テーマを含む．そのため，言語学，社会学，社会言語学，心理学，心理言語学，教育学などの研究分野の成果をも取り入れる必要がある（オルテガ Ortega 2009）．

　第二言語習得研究は，直接英語教育の現場ですぐに活用できるものであるわけではない．しかし，第二言語習得の原理やその過程を知ることにより，どのような教授法が学習者にとって適切であるのかという教育的意思決定ができるようになるだけでなく，教室での学習者をより深く観察するようになり，授業内で起きる様々な問題の所在により気付くことができるようになる（ガス Gass 2013）ため，教師にとっては大変重要な分野である．

　第二言語習得研究は取り扱う範囲が広範なため，本章では，そのすべてを網羅することは残念ながらできない．そのため，特に，これまでのSLA研究の基本的な歴史的変遷と，より研究がこれまでなされている第二言語習得における普遍的な影響（母語の影響，年齢の影響，学習者個人の影響）について概説することとする．

5.1 母語転移

第二言語を習得する際の妨げの一つに母語の転移がある．母語転移（language transfer）は，学習者のすでに習得されている母語が，目標言語（target language）の習得の際にある種の影響を与えるというもので，初級学習者によくみられるといわれている．母語転移には，「正の転移（positive transfer）」と「負の転移（negative transfer）」の二つがある．母語と目標言語が類似している部分がよい影響を及ぼし習得を促進させる「正の転移」と，母語と目標言語間に距離があるため，それが悪い影響を及ぼしてしまう「負の転移」である．「負の転移」は「母語干渉（interference of mother language）」とも過去にはいわれていたが，現在ではそのようないい方は使われなくなってきている（Ortega 2009）．この「負の転移」は，これまでの言語転移研究から，発音（音声），語彙，統語，言語使用などに強くみられるといわれている．これらの母語転移の強い影響が生じる領域に関して，以下に簡単にみていくこととする．

5.1.1 発音の転移

発音は，母語の転移が最も強くみられる領域の一つである．日本語の母語話者かそうでないか，または，母語が中国語，韓国語，フランス語，英語などなのかを，彼らの母語が転移した発音からなんとなく判断できるという経験をしたことがある読者がいるかもしれない．例えば，日本語には，英語の［v］（例：vacation），［r］（例：rice），［f］（例：frog），［ʃ］（例：she），［θ］（例：think），［tʃ］（例：change），［æ］（例：apple），［ɑ］（例：hot）などの発音が存在しない．そのため，日本語母語話者は，これらの発音を正確に聞き取ることも，正確に発音することも，日本語が母語である英語学習者には困難となるといわれている．そのため，例えば，［ráis］（rice：米）を日本語の「ら」の発音を使い発音したり，［ʃíː］（she：彼女）を日本語の「し」の発音を転移させ発音したりする．すなわち，日本語にない発音に対して，母語である日本語の母音や子音を転移させ発音してしまうのである．このように，母語の発音をそのまま目標言語を発話する際に転移させてしまったことから，その学習者の母語を推測することができるわけである．

5.1.2　語彙の転移

次に，語彙の転移に関してみていく．語彙は，母語と目標言語との間で対応ができるため，転移が起こりやすい（大関 2013）．例えば，日本語の「マンション」は「中高層集合住宅」という意味だが，英語で "mansion" は「邸宅」という意味がある．そのため，日本語での語彙の意味を転移させ，「うちのマンションに来週末遊びに来てください」と表現したい際に，"Please come to my mansion next week.（うちの邸宅に来週末，遊びに来てください）" と言ってしまい，誤解を生じさせてしまうことがある．日本語で「アパート」というと，一般的に○○コーポや○○ハイツといった二階建ての集合住宅を連想するだろうが，英語では，このような場合には "apartment" という単語を使用する．"apartment" には「マンション」と「アパート」の両方の意味が含まれているのである．また，英語で「薬を飲む」「スープを飲む」と表現したい日本人英語学習者が，「飲む」= "drink" と対応させてしまい，"drink medicine" "drink soup" と言ってしまうことがある．しかし，実際は "drink" ではなく，薬には "take" を使用し，"take medicine" と，スープには "eat/ have" を使用し "eat soup/ have soup" と表現する．このように，英語の意味範囲と日本語の意味範囲が異なるため，このような語彙の負の転移が起こるのだ（大関 2013）．

5.1.3　統語の転移

次に，統語の転移についてみてみよう．統語の転移とは，母語の統語構造を，そのまま目標言語に当てはめ使用することである．日本語は主題優勢言語（topic-prominent language）（または，題目卓越言語）であり，「A は B（だ / です）」という構造が頻繁に使用されるという（白畑・若林・村野井 2010）．例えば，学生に対して「あなたの専攻は何ですか」という質問に対して，日本語では「私は言語学です．」と返答することができる．そのため，「A は B だ/です」= "A is B" と対応させてしまい，英語を話す際に負の転移をさせ，"I am Linguistics."（私は言語学です）と使ってしまう初級レベルの日本人英語学習者がいる．しかし，このような場合には，英語では "I am major in Linguistics./My major is Linguistics." などを使用し，統語構造を変える必要がある．

5.1.4　語用論的転移

次に，語用論的転移に関してみてみよう．語用論的転移とは，第二言語を発話

する際に，母語の社会文化的な側面が転移することである．文法的には誤っていないが，相手に適切でないことや失礼なことを言ってしまい誤解を生んでしまう可能性があるため，学習者は注意する必要がある．例えば，日本語の「すみません」という言葉であるが，これは，相手への謝罪だけでなく，感謝・依頼の気持ちを表現する際にも使用される．日本語では，「こんなに素敵なプレゼントをありがとう」と感謝の気持ちを表現するよりも，「こんなに素敵なプレゼントをすみません」のように感謝の気持ちと恐縮する気持ちの両方を含んだ「すみません」を用い表現するほうが謙遜の印象を与え適切な場合がある．そのため，日本人英語学習者は，このような謙遜の気持ちを込めて「すみません」の用法を英語の"sorry"と対応させ，プレゼントを受け取り恐縮する気持ちを表現する際に使用することがある．しかし，そのような場面で"sorry"を使用するのは英語では適切ではない．"sorry"には，謝罪，後悔，遺憾などの意味はあるが，感謝や依頼の意味はない．また，"sorry"の謝罪の意味には，責任がすべて自分にあるということを含んでいるため，不用意に使用することにより大きな誤解を招き，最悪の場合すべての責任が自分にあることになり，訴訟に発展し敗訴してしまう危険性すらもあるため注意が必要となってくる．第二言語学習者の語用論的転移の研究は近年盛んに行われるようになり，適切な言葉の伝達を考えるうえでより重要になってくるだろう（小柳 2004）といわれている．

5.2 第二言語習得研究の歴史

本節では，心理学における行動主義理論の影響を受けた第二言語習得研究の初期から現在までの歴史的流れに関して，簡単に概説する．

5.2.1 1950年代：行動主義と対照分析

効果的な第二言語の学習法が研究の対象となっていったのは 1940 年～50 年代で，第二言語習得研究は，実は若い研究分野である．この時代には，子どもが母語を習得する際に，周囲からの言葉を聞き，それを真似ることによって言葉が習得されることと同様の過程を経て，第二言語も習得されると考えられていた．そのため，第二言語学習者が文法を身に付けるためには，刺激に対して何度も何度も繰り返し練習（pattern practice）をし，習慣形成（habit formation）することが重要（スキナー Skinner 1957）であり，それにより，その文法を自動的に使用で

きるようになるとする心理学の行動主義理論（Behaviorism Theory）を根拠として第二言語習得研究がなされていった．また，1960年代ごろまでには第二言語習得が学問的に本格的に研究され始め，第二言語学習者にとって習得が困難となるのは母語と異なった文法，音韻，語彙などに「負の転移」が起こるためであり，母語と共通する部分には「正の転移」が起こり習得が容易になると考えられた．そのため，学習者の母語と目標言語の特性を比較し，言語間の相違を認識・識別することにより，第二言語学習者の誤り，習得が困難な部分をすべて予測することができる（フリーズ Fries 1945；ラドー Lado 1957）という仮説が立てられ，それは対照分析仮説（Contrastive Analysis Hypothesis）と呼ばれた．目標言語と母語の比較により，母語の「負の転移」がどこで起こるのかが予測可能であるため，その部分を教室内では集中的に教え，反復練習を行い，その言語行動の習慣を形成していけば習得が進むと考えられていた．このような対照分析研究は，このころ盛んに行われるようになる．

5.2.2　1960年代から1970年代：生得主義と中間言語

1960年代〜70年代になると，第二言語習得研究は行動主義理論を批判し，「人は生得的に言語を習得するための言語習得装置（Language Acquisition Devise）を備えている」と仮定しなければ，抽象的な言語をなぜ人は習得可能なのかを説明することができないと主張するチョムスキー（Chomsky 1959; 1965）の変形生成文法理論（generative grammar theory）の影響を強く受けるようになる．チョムスキーは，行動主義的なものから認知的なものへ，第二言語習得研究の方向性を変える大きな役割を果たすこととなる．また，様々な実証研究により，繰り返し練習による習慣形成は学習者にとってあまり効果がないことがわかってくる．まず，イギリスの応用言語学者コーダー（Corder 1967）は，すべての誤りが母語転移であるという対照分析には根拠がなく，学習者が産出する実際の言語サンプルを分析することのほうが重要であると対照分析を批判した．また，第二言語学習者は子どもの母語習得と似た能力をもっていると示唆した．それ以降，学習者の誤用を分析する「誤用分析（error analysis）」という手法が盛んに行われるようになる．

また，1970年代半には，誤用だけでなく正用も含めた学習者言語の全体像を研究するようになる．セリンカー（Selinker 1972）は，学習者言語へのアプローチとして「学習者の母語とも目標言語とも異なり，習得の中間にあり，段階に応じ

て変化・発展していく学習者特有の動的で自律的な言語体系」として,「中間言語」（inter language）を主張した（Selinker 1972）.中間言語の具体例としては,以前に学んだ目標言語の規則を新たな状況に当てはめて過剰に一般化させてしまう過剰般化（一般化）（overgenralization）や,屈折や冠詞などの文法規則を簡略化したり,無視したりする簡略化（simplifaication）などがある.セリンカーによるこの中間言語という概念の出現は,第二言語習得研究を「自律的な領域」であるとする重要な分岐点となった（Ortega 2009）.そして,現在も第二言語習得研究の目的の一つには,第二言語学習者が目標言語をどのように使用し,それをどのように発達させ自身の中間言語を構築しているのかを分析する中間言語のメカニズム解明にある.

さらに,対照分析に対して,デュレイとバート（Dulay and Burt 1973）はチョムスキーの生成文法の概念を取り入れて,子どもの第二言語学習者は生得的なメカニズムを基に第二言語のルールを構築しているとする創造的構築仮説（Creative Construction Hypothesis）を提唱した（Dulay and Burt 1973）.これは,ブラウン（Brown 1973）の,子どもが母語を習得する際の文法形態素（grammatical morpheme）の獲得には決まった順序があるとする文法形態素獲得研究に刺激を受け,第二言語学習者にも同様のことが当てはまるのかを研究した最初の研究である.デュレイとバートは,母語の異なる子どもの英語の文法形態素の習得順序を調査した.その結果,母語干渉による誤りは5％にも満たないことがわかり,誤りの大半は母語習得の過程でみられる誤りと類似していることがわかった.つまり,第二言語習得において,目標言語と異なった母語の負の転移による誤りが必ずしも起こるわけではなく,むしろそこには一定の規則が第二言語学習者にも存在するということが,創造的構築仮説に基づく研究により明らかにされた（Dulay and Burt 1973）.また,母語と似通った言語との間のほうが母語転移がよりみられたり,母語と関係のない部分に誤りがみられたりすることも明らかになり,誤りは多様な要素からできる現象であり,対照分析では予測できない部分があることがわかっていく.そのため,母語と目標言語を比較し習得が困難な点を予測する対照分析には限界があり,人は生得的に言語を習得する装置を備えているとする（チョムスキー Chimsky 1957; 1965）の生成文法理論の影響を受けた,第二言語習得研究も盛んに行われるようになる.

5.2.3 1980年代以降

1970年代のデュレイとバート (Dulay and Burt 1973) の創造的構築仮説を基盤とし，第二言語習得研究に画期的な発想の転換をもたらしたのが，次の5つの仮説からなるクラッシェン (Krashen 1982) のモニターモデル (Monitor Model) である．

〈クラッシェンのモニターモデル〉
1. 習得・学習仮説 (the Acquisition-Learning Hypothesis)
2. 自然順序仮説 (the Natural Order Hypothesis)
3. モニター仮説 (the Monitor Hypothesis)
4. インプット仮説 (the Input Hypothesis)
5. 情意フィルター仮説 (the Affective Filter Hypothesis)

では，これらの五つの仮説に関して簡単に紹介することとする．まず，クラッシェン (Krashen 1982) は「習得・学習仮説」で，子どもが自然に母語を習得する時と類似した自然なコミュニケーションによって無意識に学ばれる「習得 (acquisition)」と，教室での文法学習などによって意識的に学ぶ「学習 (learning)」を区別した．クラッシェンによれば，この2つの知識は別々の方法で発達し，それぞれ異なった目的をもっているという．そのため，「学習」された知識が「習得」した知識として内在化することはない．

「自然順序仮説」とは，「文法の習得には予測可能な習得順序があり，それは教える順番とは関係がない」と主張するもので，これは1970年代に盛んに行われた，文法形態素の習得には母語に関係なく決まった習得順序があるとする形態素習得順序研究の結果を踏まえて提案された説である．

次に「モニター仮説」とは，前述の「学習」によって身に付いた知識は，自分の発話をチェックしモニターする特別な機能をもっているという仮説である．また，このモニターが機能するのには，次の3つの条件を満たさなければならない．

①時間：学習者が意識的に文法について考えたり，使用したりするための十分な時間が必要である．
②形式重視：学習者は，どのように発話をしているのか（正確かどうか）に注意を払わなければならない．
③規則を知っている．

これら3つを満たし，モニターに使われる「学習」で身に付いた知識は十分な時間を必要とし，形式に集中しなければならないため，自然なコミュニケーショ

ンでは役に立たないことになる．

「インプット仮説」とは，「習得」に関する仮説である．「習得」は，学習者のもっている言語知識よりも少し高いレベルの理解可能なインプットによって起こるとした．クラッシェンは，学習者の現在の知識の状態を i とし，その次の段階を $i+1$ と定義した．すなわち，学習者の「習得」が適切に行われるためには，$i+1$ レベルのインプットを受ける必要があるのだ．

最後の「情意フィルター仮説」とは，「習得」が起こるためには，学習者は十分な量の理解可能なインプットを受ける必要があるだけでなく，情意面（動機づけ・自信・不安）の影響を考慮しなければならないというものだ．習得を阻害するこの要因を「情意フィルター」と呼んでいる．この情意フィルターが高い場合，つまり，動機付けが低く，自信がなく，不安を感じている場合，インプットが習得装置へ到達できず習得が進まないが，情意フィルターが低い場合，つまり，動機付けが高く，自信があり，不安がない場合，言語が習得されるという仮説である．

クラッシェン（Krashen 1982）のモニターモデルは外国語教育に広く受け入れられ，その内容がさらに細分化し，その後の第二言語習得研究を形作るための基礎となった．しかし，それぞれの仮説が有意義な方法で関連しておらず，むしろそれぞれの仮説が互いに依存し合っている．つまり，その論証がわかりづらい（ガス Gass 2013），また，実証的に調査することができない点があるため，理論とは呼べない（ヴァン・パタンとウィリアムズ Van Patten and Williams 2007）などと批判もされている．

5.2.4 第二言語習得研究の現在の方向性

1980 年初頭のチョムスキー（Chomsky 1981; 1986）による「原理とパラメータのアプローチ（principles and parameters approach）」と呼ばれるモデルの提案により，第二言語習得研究は大きく発展し，その方法論は大きく二分化するようになる．一つは，第二言語習得研究を外国語教育の効果的な教育方法・学習方法のために応用しようするアプローチで，現場のデータを基に第二言語習得のメカニズムを解明しようとするものである．教室での指導法，年齢要因，学習者要因，4 技能の習得，認知的アプローチなどが含まれる．もう一つは，チョムスキー（Chomsky 1981; 1986）の生成文法理論を第二言語習得に応用したアプローチで，第二言語学習者の脳内のメカニズムを解明しようとするものである．第二言語学習者は母語に存在する文法を使って第二言語を習得していくのか，母語の文法は関係が

なく第二言語の習得が進んでいくのか，普遍文法は母語習得だけでなく第二言語習得にも利用可能なのかどうかなどが研究されている．近年では，脳生理学のデータを利用して第二言語習得研究を発展させようとする研究も盛んに進められている．どの研究も第二言語習得研究には重要な研究であり，外国語を教える教師の知識として重要なものであることに変わりはない（白畑・若林・村野井 2010）．次節では，前者の方法論に含まれ，これまで最も研究がなされてきた，第二言語習得における普遍的影響に関して概説する．

5.3 第二言語習得に影響を及ぼす要因

第二言語を習得する際には，様々な要因が複雑に関連していると考えられている．そして，学習者によって到達するレベルも，あるレベルに到達するのにかかる時間も異なる．このような学習者間における習得の違いをもたらす普遍的な要因，特に，年齢が及ぼす影響と学習者個人が及ぼす影響に関して，本節では概説する．

5.3.1 年齢要因

子どもは，生まれ育った環境で話されている言語を 4 歳から 6 歳までには完全に習得するが，第二言語学習者はどんなに上級レベルに達したとしても，子どもが母語を習得するようには容易に第二言語を習得することはできない．そのため，年齢と第二言語習得の関係解明は，第二言語習得研究の中心的な課題の一つである．そのなかで最も議論さているトピックの一つが，言語を完全に習得するためには生物学的に限られた期間が存在し，それを過ぎると母語話者のように言語を習得することは不可能であるとする，レネバーグ（Lenneberg 1967）による「臨界期仮説（critical period hypothesis）」である．臨界期仮説では，第二言語を学習し始める時期が思春期，具体的には 12 歳ぐらい，を過ぎてしまうと，母語話者のように言語を習得することができないと考えられている．レネバーグは，脳の手術などによる言語障害の被験者の研究から，臨界期が生じる原因は，出生から思春期までの脳が変化し，脳機能の左右分化が起こることによるものであると主張した（Lenneberg 1967）．臨界期仮説は当時大変画期的なものであり，第二言語習得の年齢要因に関する研究はその後盛んに行われてきたのだが，実際は，年齢と第二言語習得の関係性に関してのシンプルで明白な答えは未だ出てはいない

(Ortega 2009). しかし，ここでは，これまでの研究でわかってきたことを代表的な研究を紹介しながら，簡単に概説する．

子どもは成人学習者よりも第二言語を習得するのが早いと一般的に考えられているが，1970年代に行われた子どもと成人学習者の言語習得に関する様々な研究が，それに疑問を呈することとなった．つまり，子どもよりも成人学習者のほうが，言語習得の速度に関して，実は有利であるという．

例えば，スノーとホフナーゲル-ヘーレ（Snow and Hoefnagel-Höhle 1977; 1978）は，オランダ語を第二言語として学習する子どもと成人学習者に，9種類のテストを1年間，縦断的に調査を行った結果，成人やオランダへ到達した際の年齢が高い学習者のほうが，年齢が最年少の子どものグループよりもオランダ語が上達する結果となり，この研究結果は臨界期仮説と矛盾するため，驚くべきものであった．

また，臨界期仮説への反証として影響力の大きかった研究の一つとして，クラッシェン，ロングとスカーセラ（Krashen, Long and Scarcella 1979）がある．クラッシェンらは，"Older is better for rate of acquisition, but younger is better in the long run.（大人のほうが習得速度は速いが，子どものほうが長期的には優れている）"と結論付けた．この結論は，1962年から1979年に出版されたそれまでの年齢要因に関する第二言語習得研究をまとめたものである．習得の初期段階（初めの1年から3年間）は，成人学習者や年長者のほうが，認知的熟達度やメタ言語能力を必要とするテストにおいてはそのような知識があるため習得に有利であるが，その後5年ほど経つと年少者の熟達度が逆転するというものだ（Krashen, Long and Scarcella 1979）．しかし，ムーニョ（Muñoz 2006）によると，外国語として第二言語を教室で学習する環境においては，この年少者の逆転現象がみられないという．つまり，教室での第二言語学習時間は，教室ではなく自然に第二言語に触れるよりも第二言語に触れる時間が十分ではないためである．

また，臨界期仮説と第二言語学習者の最終到達点の研究で代表的な研究が，ジョンソンとニューポート（Johnson and Newport 1989）である．ジョンソンらは，46名の中国語と韓国語を母語とし，アメリカに少なくとも5年住んでいる被験者をアメリカへの到達年齢ごとにグループ分けし，文法判断テスト（grammaticality judgment test）を行った．その結果，移住年齢と文法判断テストの間に統計的に負の相関がみられた．より強い相関がみられたのは，思春期までに移住をした被験者の文法判断テストのスコアであり，思春期後に移住した被験者にはその相関

がなくなった．この研究は臨界期仮説を支持し，その後の年齢要因の研究に影響を与えるものであった．これに対し，バードソングとモリス（Birdsong and Molis 2001）が 61 名のスペイン語母語話者にジョンソンらの文法判断テストをそのまま行ったところ，早期移住（3～16 歳）の学習者には，移住年齢と文法判断テストのスコアの間にすべてのグループにおいて，移住年齢が思春期前後であるかに関係なく，移住年齢と文法判断テストのスコアの間に負の相関がみられず，むしろ彼らは完璧に近いスコアを取っており，移住年齢の遅い（17 歳以上）学習者には，移住年齢と文法判断テストのスコアの間に負の相関がみられた．また，移住年齢が年長者であるのにもかかわらず，高得点をとる学習者もみられた．つまり，彼らの結果は，臨界期仮説をすべて支持するものではなかった．

さらに，思春期後にフランス語を学び始め上級レベルに達した学習者が，どのくらい母語話者に近い直感をもっているのかを文法判断テストで調査したコピエテルス（Coppieters 1987）は，母語話者と母語話者でない学習者の間には著しい違いがあるとし，臨界期仮説を支持する証拠を示した．しかし，これに対してバードソング（Birdsong 1992）は，コピエテルスの文法判断テストの一部を上級フランス語学習者に対して行ったところ，母語話者ではない学習者の文法判断テストの結果が母語話者の範囲内であったことを示した．

このように，臨界期仮説に対しては一貫性のない研究結果が出ているが，結果が微細で捉えにくい文法判断テストによる統語の習得だけでなく，より結果が明白な音声の習得に関しても同じことがいえる（Ortega 2009）．

シャベル（Shovels 2000）によると，母語話者でない学習者のアクセントは，母語話者によってその違いを確実に見抜くことができたという．様々な証拠から，臨界期後に第二言語を学ぶことにより母語話者とは異なったアクセントが作られていくと結論付けた．しかしながら，母語話者でない学習者のアクセントを母語話者が見抜くことができなかった例外的な学習者についての研究も多数ある（ボンガエルツ Bongaerts 1999；モイヤー Moyer 1999）．

ここまでみてきたように，第二言語習得と生物学的な臨界期仮説の関係性に関しては，対立する多くの研究結果により，まだはっきりとした結論は出されていない．しかし，今のところ，前節で述べた第二言語習得の母語の影響，次節で紹介する第二言語学習者の動機づけの要因，大人の抽象的な認知能力，問題解決能力の要因（ブレイ-ブローマン Bley-Vroman 1990）など様々な要因が複合的に関連し，年齢が何らかの影響を第二言語習得に与えていることは確かなようである．

また，これまでの研究結果から，大人の第二言語学習は一般的に子どもよりも最終到達点が低く，より個人差（individual differences）があるという見方が優勢なようである（Ortega 2009）．

5.3.2　学習者要因

　母語を獲得する際には，どのような動機づけがあるのか，どのような性格なのか，どのように学習したのかなどに特別関係なく，ある一定期間の間に，誰もが周りの環境で話されている言語を獲得することができる．しかし，第二言語の習得においては，動機づけ，性格や言語学習の仕方などの学習者個人の要因が大変重要となってくる．学習者の個人差の分類に関しては研究者によって様々であり一致した見解はないが，本節では，学習者の個人差のなかでも特に，情意的要因（affective variables）（動機づけ，性格）と認知的要因（cognitive variables）（適正，学習方略）に関して概説することとする．

a.　情意的要因①　動機づけ

　「動機づけ（motivation）」が高いのかどうか，やる気があるのかどうかはどんなことをするにしても重要な要因ではあるが，第二言語習得において，言語を身に付けたいという気持ちを指す動機づけは特に影響の大きい重要な要因の一つである．本節では，これまでの動機づけ研究の動向について概説する．

　1970年代から第二言語習得における動機づけの研究は盛んに行われるようになり，その先駆け的な研究であるガードナーとランバート（Gardner and Lambert 1972）では，第二言語教育では目標言語の文化や社会に関しても同時に教えるものだと主張し，社会教育学的な観点から動機づけを「統合的動機づけ（integrative motivation）」と「道具的動機づけ（instrumental motivation）」の二つのタイプに分けた．統合的動機づけとは，その言語が話される集団の文化，歴史，社会，人々に関心があり，それらを理解したい，その集団の一員として帰属したいと思うことによる動機づけである．また，道具的動機づけとは，入試やTOEFL（Test of English as a Foreign Language）などのテストでいい点数を取りたい，会社で昇進したい，いい仕事に就きたいと思うことなどによる実用的な動機づけである．動機づけ研究の初期には，この二つの種類の動機づけのどちらが言語を身に付けるのに重要かに関しての研究が盛んに行われた．その結果，統合的動機づけのほうが重要であり，道具的動機づけはあまり重要ではないとするガードナー（Gardner 1985）の報告に対して，外国語として英語を学ぶ（English as a foreign language:

EFL）環境においては道具的動機づけも重要であるとする研究事例もいくつか報告され，一貫した結果は得られなかった．

　1990年代半ばになると，動機づけの質に焦点が移る．また，ガードナーの統合的動機づけに対しては，それはカナダという特定の第二言語環境にのみ有効であり，また，教室内での教員の役割，興味の持てる教材，質の高い授業などを考慮に入れていないなどと批判が生じた（Ortega 2009）．そのため，第二言語習得における動機づけ研究は心理学における理論にその根拠を求めることとなり，心理学者であるデシとライアン（Deci and Ryan 1985）によって提案された，人は自分の意志によって何かを行い決定していくことが強い動機づけとなるとする自己決定理論（self-determination theory）が，動機づけ研究に大きな影響を与えた．デシらは，人は自分の行動に責任をもちたいという自律性（autonomy）の欲求，自分の能力を示したいという有能性（competence）の欲求，周囲と関係を保ちたいという関係性（relatedness）の欲求という3つの心理的欲求を充足するときに内発的に動機づけられ，最も自己決定的な行動が起こるとしている．また，デシらは，動機づけを「内発的動機づけ（intrinsic motivation）」と「外発的動機づけ（extrinsic motivation）」に分類し，さらに，これまでの研究では相互に排他的な存在であると考えられていた内発的動機づけと外発的動機づけの2種類の動機づけを自己決定性の程度によって細分化し，統合的に捉えている．まったく動機づけられていない状態（無動機＝amotivation）から内発的に動機づけられている状態までが連続的につながっており，その途中に外発的に動機づけられた外的調整（external regulation），取り入れ的調整（introjected regulation），同一視的調整（identified regulation），統合的調整（integrated regulation）の4段階があるとした．まず，内発的動機づけとは，第二言語の勉強が楽しいから，面白いから行おうとする内面の気持ちのことである．また，外発的動機づけとは，外発的な目標，つまりはいい給料やいい仕事に就くなどのための動機づけである．外的調整とは，完全に教師など外的なものにコントロールされた動機づけの状態で，最も自律性の低い段階である．取り入れ的調整とは，英語ができないと恥ずかしいなど課題の価値は認めているものの，まだ義務的な感覚の段階である．同一視的調整とは，行動の価値や重要性を認めた積極的な段階である．将来英語を使って仕事をしたいなど，自己決定度がかなり高い状態である．最後に，統合的調整とは，自分からやりたくて行動を行う，最も自律的な状態である．自己決定理論では学習者の様々な動機づけの状態を詳細に検討し，自律性を基に捉えることができるように

なった．動機づけの最も低い無動機の状態から最も動機づけの高い内発的動機づけへ学習者の状態を移行させることにより，学習成果が上がると考えられている．そのため，自己決定理論は理論的に期待できるだけでなく，潜在的に教師にとって有効でもあるのだ（Ortega 2009）．

2000年代になると，ドルネイとオット（Dörnyei and Ottó 1998）は，学習者の動機づけは学習を進めていくうちにどんどん変化していく「動的（static）」なものであり，動機づけには過程があるとするモデルを提案する．それには3つの過程があると主張した．動機づけが起こり，目標を達成しようとする preactional stage，それを維持しようとする actional stage，そして，最後にそれまでの学習を振り返り，その後の目標達成に役立てる postactional stage である．このモデルはそれぞれが互いに重なり合っており，一つのステージが終わればすぐに次のステージに行くというものではない．学習者の異なった動機づけがそれぞれのステージで関連している（Gass 2013）．教師としては，それぞれのステージで学習者にあった教室活動をしてくことが，動機づけと関わってくる．

ドルネイ（Dörnyei 2005）によって提案された動機づけの最も新しいモデルが，L2動機づけ自己システム（L2 Motivational Self System）である．ドルネイは，動機づけを統合的動機づけと道具的動機づけのみに分類するのは難しく，また，ガードナー（Gardner 1985）の統語的動機づけが，目標言語の文化に触れる機会の少ない学習者や外国語として言語を学ぶ学習者にとっては有効ではないのではないかと批判した．L2動機づけ自己システムでは，現在の自分と理想とする自分との差が大きいほど人は動機づけられるとする心理学者ヒギンズ（Higgins 1987）の自己不一致理論を核として，3つの要素が動機づけに影響を与えているとしている．理想としている自分と現実の自分のギャップを埋めようとする欲求が言語学習の動機づけを高めるとする「L2理想自己（Ideal L2 Self）」，他者の期待に応えたい，起こりうるネガティブな結末を避けるために，こういう自分にならないようにするために動機づけが高まるとする「L2義務自己（Ought-to L2 Self）」，そして，学習者の実際の学習環境（教師の影響，カリキュラムなど）や学習内容が動機づけに直接的に影響を及ぼすとする「L2学習経験（L2 Learning Experience）」である．ドルネイはさらに，いい仕事に就きたい，テストでいい成績を取りたいという「道具的動機づけ（促進）」，L2の文化に近づきたい，そのため，その言語を習得したいとする「統合的動機づけ」，そして，内発的動機づけが L2 理想自己と関連しており，テストで悪い成績を取りたくないから勉強するという「道具的

動機づけ（予防）」とL2義務自己が関連しているとした．このように，学習者の様々な動機づけは，イメージする将来なりたい自己（L2理想自己とL2義務自己）に影響を与え，それが英語力を伸ばすことと結局はつながっていくとしている．

年齢や言語適性，性格などは変えることができないが，動機づけは学習者要因のなかで唯一教師が変えられるものである（大関2013）．そのため，教師としては，日々の教室活動が動機づけを高めるためには重要となる．例えば，学習のニーズに合った授業を行い，学習者の興味のある教材を選択し，学習者のレベルに合ったタスクを行い，理想とする自己となるための目標を設定させ，そして，学習者の動機づけをいかに実際の行動として結びつけさせるかが教師が果たすべき重要な役割となる．

b. 情意的要因② 性格

学習者の性格（individual characteristics）は，第二言語を習得する際に影響を与えるものなのであろうか．本節では，情意的要因のなかでも内向性（introversion）と外向性（extroversion），そして不安（anxiety）に関して述べることにする．

外向的な性格の学習者は，明るく，積極的で，よく話し，教室内でも他の学習者とコミュニケーションをとることが苦にならない．一方，内向的な性格の学習者は，物静かで，一人で本を読んだりしていることを好み，教室内で他の学習者とコミュニケーションをとるのがあまり得意ではない．そのため，一般的に，外向的な学習者のほうが目標言語話者との接触頻度とその言語の教室内での使用頻度が多いため，上達が早いと考えられている（鈴木・白畑2014）．また，外向的な性格の学習者は，特にストレスや不安がある状態において，内向的な性格の学習者よりも第二言語を流暢に話すという報告もある（ディワーラとファーナム Dewaele and Furnham 1999）．しかしながら，そのようなストレスのある状況下で，内向的な性格の学習者が，流暢ではないものの，語彙が豊富でより明確な言語を話したという（Dewaele and Furnham 2000）．また，内向的な性格の学生はどの科目においても成績がよく，内向性と学問的な成功には相関があったという（スキーハン Skehan 1989）．さらに，日本人英語学習者を対象とした研究では，内向的な性格の学習者と外向的な性格の学習者の間に習熟度の差がなかった（八島1997）．実際，これまで外向性と内向性に関する研究は広範に行われていないため，はっきりとした結論は出ておらず，外向的な性格の学習者と内向的な性格の学習者にはそれぞれに適したタスクや教授法があるようだというのが，おそらく

今いえることであるようだ（Gass 2013）．

　第二言語学習における学習者の様々な不安と学習成果の関係に関する研究はこれまでたくさん行われており，不安な感情は第二言語を習得する際に悪い影響を及ぼすといわれている（マッキンタイア MacIntyre 1999；マッキンタイアとガードナー MacIntyre and Gardner 1994）．また，不安と第二言語学習者の内向的な性格にも関係があるという（マッキンタイアとカオス MacIntyre and Charos 1996）．ホーヴィッツ，ホーヴィッツとコープ（Horwitz, Horwitz and Cope 1986）によって開発された最もよく知られている不安の測定法に，外国語教室不安尺度（Foreign Language Classroom Anxiety Scale（FLCAS））がある．FLCAS の基本概念として，不安には，目標言語でコミュニケーションをうまくできるかという「コミュニケーション不安（Communication apprehension）」，テストなどでよい成績がとれるかという「テスト不安（test anxiety）」，否定的な評価をされることに対する「評価不安（fear of negative evaluation）」があるとした．FLCAS を用いた実証研究では，不安のレベルの高い学習者は不安のレベルの低い学習者と比べて，外国語科目の成績が低く，自身の語学のレベルを低く見積もり，教室内ではあまり話さず複雑な会話をしない傾向があるという．そのため，特に不安とスピーキング活動には関係があると報告されている．しかし，第二言語学習者の不安に関しては，ネガティブな影響ばかりがあるわけではないと主張する研究もある（ドルネイ Dörnyei 2005）．不安には，悪い影響を与える「抑制不安（debilitating anxiety）」とよい影響を与える「促進不安（facilitating anxiety）」があるという．適度な緊張が，よい成績をとるためにより努力をしたり，綺麗な発音をしようとしたりと，学習を促進するというものだ．学習者の不安に対する教室内での教師の役割としては，スピーキング活動の際に，クラス全体ではなく小グループでのディスカッションを行ったり（ヤング Young 1990），不安や緊張しないようなクラスの雰囲気づくりをしたり，学習者に成功体験をさせたりと，様々な工夫をすることが求められるだろう．

c. 言語適性

　言語を学習する際に，目標言語に近い綺麗な発音ができたり，単語をすぐに覚えてしまったりと，上達の速い学習者がいる．一方，そうでない学習者もいる．このような語学を学ぶ才能，または語学のセンスのことを「言語適性（language aptitude）」といい，言語適性は外国語学習の成功を予測するものである（Skehan 1989）．言語適性研究と動機づけ研究は，第二言語習得における個人差の影響のな

かでも最も研究がなされている研究分野の一つである．

では，どのような学習者が外国語学習に向いていて，適性が高いのだろうか．外国語学習の適性のある人（習得の速い人）を予測するために，キャロルとサポン（Carroll and Sapon 1959）によってアメリカで開発され，批判はあるものの，現在でも様々な国々で最もよく使用されている適性テストが現代言語適性テスト（Modern Language Aptitude Test/ MLAT）である．MLAT では，以下の3つの能力が言語適性の構成要素であるとしている．

①文法的認識能力（Grammatical sensitivity）
②音韻認識能力（Phonetic coding ability）
③記憶力（Memory capacity）

これらの3つのうち1つ，もしくはそれ以上の能力が優れている学習者が，第二言語学習に有利であるという．しかし，これらすべての適性が高くなくとも言語能力を発達させることができるという報告もある（Skehan 1989）．例えば，音韻認識能力がそれほど高くなくとも，文法認識能力が高ければそれで補えるという（向山 2009）．

また，言語適性と知能の関係性に関しての有名な研究にウェスク（Wesche 1981）がある．ウェスクは，カナダでフランス語を学ぶ 455 人の学習者のうち 165 人の MLAT のスコアの高い学習者が，統計的に有意に高い知能テストのスコアを示したという．またその他の研究でも，知能と文法認識能力のスコアに統計的に相関がみられたという報告がたくさんある．つまり，知能の高い学習者は言語適性も高いということになる．スキーハン（Skehan 1998）はこのことに対して，言語適性のうち文法認識能力と言語分析能力に関しては知能と重なる部分はあるものの，それは部分的なものであると結論づけている．しかし，知能には様々なタイプがあるため，知能テストのスコアと適性テストのスコアに一対一の対応があるとは一概にはいえないともいわれている（Gass 2013）．

また，言語適性のうち，記憶力が実は最も第二言語学習と関係があるのではないかと近年考えられている．フィンランドの小学校で行われたサービス（Service 1992）の調査では，無意味語を聞いてそのまま再生するのが得意な子どもたちのほうが，第二言語として学習している英語の語彙習得を，単語スパン課題（無意味語の再生課題）のスコアの低い子どもたちより容易に行ったという．また，ドイツの大学生に行われた調査では，短期記憶の容量の少ない学習者は，スパン課題のスコアが高い学習者よりも新出語を覚えるのが困難だったという（チュンと

ペイン Chun and Payne 2004）．最近では人の記憶に関する研究が進み，ワーキングメモリ（作動記憶）が言語適性の基本的な構成要素であるのではないかとも考えられている（Skehan 2012）．ワーキングメモリ（working memory）と言語適性の関係性に関する有名な研究に，ハリングトンとソーヤー（Harrington and Sawyer 1992）がある．リーディングスパンテスト（1文ずつ呈示される文を音読しながら文末の単語を覚えるという作業を2〜6文について行い，最後に覚えた単語を再生するテスト）において高得点を出した学習者のTOEFLの文法と読解のセクションのスコアが高かったことを示した．また，音韻的作動記憶（phonological working memory）と形態素・屈折の習得に相関があるという報告もある（エリス Ellis 1996）．しかしながら，ワーキングメモリと言語適性の関係に関しての研究はまだ始まったばかりであり，さらなる検証が今後必要となるであろうといわれている．

　また，最近では，教育心理学の分野の理論である適性処遇交互作用（Aptitude-Treatment Interaction）が第二言語教育でも重要であると考えられている（Ortega 2009）．教師はどうしても自分の得意とする教え方，自分が教わってきた教え方で教えがちであるが，学習者にとってはそれが常に最適であるとは限らないのである．つまり，学習者それぞれの適性に合わせた教え方がより効果的で，学習者の満足度も高くなるという．

　ウェスケ（Wesche 1981）によってカナダで行われた実験では，学習者をMLATにおける音声認識能力のスコアの高い学習者と文法認識能力のスコアの高い学習者に分け，さらにそれぞれの適性に合わせた学習法で授業が行われたグループと，適性に合わない教え方で授業が行われたグループに分けた．その結果，適性に合った教え方で教わった学習者はその後の学力試験で，適性に合わない教え方で教わった学習者よりもより成績が良くなり，学習の満足度も高いことがわかった．スキーハン（Skehan 1986）も同様の実験を行い，適性を考慮することにより学習効果を予測できるとしている．現場の教師としては，教室内ですべての学習者の適性に合わせた授業を行うことは現実的には難しいかもしれないが，今後は個々の学習者の適性を踏まえた授業デザイン，イーラーニング（e-learning）などの補助教材や家庭学習などの工夫が求められることとなるであろう．

d. 学習方略（learning strategies）

　学習方略とは，外国語学習者が言語を学習する際にしている思考や行動のことをいう．学習方略に関する1970年代半ばの研究では，学習方略をうまく使用す

る，いわゆる「良い言語学習者（good language learners）」が実際に行っている学習方略についての調査が中心に行われた（ナイマン，フレーリッヒ，スターンとテデスコ Naiman, Frohlich, Stern and Todesco 1978)．その結果，良い言語学習者は，言語適性や動機以外に独自の言語学習過程があることがわかった．その後，1980年代になると，第二言語の学習方略に関する研究は盛んに行われるようになる．それにより，1980年代半ばには，インタビューなどを行った観察に基づいた研究と，アンケートに基づいた研究とに二極化するようになる（Ortega 2009)．観察に基づいた研究で最も代表的なものがオマリーとチャモ（O'Malley and Chamot 1990）で，アンケートを基にした研究で代表的なのが Oxford（1990）である．インタビューなどの観察に基づいた調査を行ったオマリーらは，学習方略を認知方略（cognitive strategies），メタ認知方略（metacognitive strategies），社会的・情緒的方略（social・affective strategies）の3つに分類した．認知方略とはタスクを行っている際に使われる学習者の意識的な思考のことで，メタ認知方略とはどのように学習するか計画し，タスクや理解したものを分析し，評価することが含まれた，学習の過程における方略である．社会的方略はわからないところを質問したり，情報を集めたりと他人との関わりのなかでの方略で，情緒的方略とは自己対話や自己強化を含む，学習者の心理的側面をコントロールする方略である．一方，オックスフォード（Oxford 1990）は，アンケートに基づいた調査を行い，学習方略を直接的方略（direct strategies）と間接的方略（indirect strategies）の2つに分け，さらに，直接的方略を認知方略，記憶方略，補償方略（compensation strategies）の3つのタイプに，間接的方略をメタ認知方略，情意方略，社会的方略の3つのタイプに分類した．記憶方略とは，記憶するために何度も読んだり，書いたり，カテゴリーに分けたりする方略のことで，補償方略とはわからない単語を文脈から推測したり，他の言葉で話す際に置き換えたり，言語能力の足りない部分を補う方略である．さらに，オックスフォード（Oxford 1990）は，言語学習ストラテジー調査法 SILL (Strategy Inventory for Language Learning）と呼ばれるアンケートを開発し，学習方略の使用頻度と学習者の習熟度に相関があることを報告している．つまり，言語学習能力の高い学習者は様々な学習方略を使用しているのだ．例えば，単語をただ暗記していくのではなく，単語を名詞，動詞，形容詞，副詞とカテゴリーで分けて覚えたり，文脈から意味を推測したり，何度も単語に触れるような工夫をしたりと，学習方略の使用に幅がある．一方，良い言語学習者でない場合，学習方略に幅がなく，適切な方略を使用していないとい

う．このオックスフォードのアンケート用紙は，世界中で他の研究者たちによって，その効率性から頻繁に使用されるようになる．しかし，SILL の妥当性に関しては，そのアンケートが心理尺度を測定するのに正当ではないとする厳しい非難もある（Dörnyei 2005）．また，良い言語学習者とそうでない学習者の間には，学習方略の違いがあるのかもしれないが，良い言語学習者が行っている学習方略をそうでない学習者が使用したとしても，必ずしもその学習方略が習得を早めるものではない．そのため，どのようなタスクを，どのような文脈で，どの学習方略を使うことによって習得がうまくいくのかを自律的に学習者が決定していくことが重要となってくる（Gass 2013）．

まとめ

本章では，第二言語習得研究の歴史的変遷と第二言語習得における普遍的影響，特に，母語転移，年齢の影響，個人差による影響に関して概説してきた．5.1 節では，第二言語習得における母語の影響に関して，5.2 節では，第二言語習得のこれまでの研究の歴史に関して，5.3 節では，第二言語学習者の学習開始年齢の及ぼす影響に関して，そして，第二言語学習者の個人差の影響，特に，情意的要因（動機づけ，性格）と認知的要因（言語適性，学習方略）に関して概説してきた．本章では，第二言語習得研究の中の一部しか紹介することができなかったが，第二言語習得研究には，生成文法を基にした第二言語習得研究，第二言語習得と教室での指導，心理言語学的・神経言語学的アプローチによる第二言語習得研究，4 技能の習得研究，インプットとアウトプット研究など本章では取り扱わなかった研究領域が多数あるため，これから解明するべき課題も山積している．本章を通して，第二言語習得研究という研究領域に少しでも興味をもち，山積する課題解決のために尽力したいと思って頂ければ幸いである．

より深く勉強したい人のために

- Ortega, Lourdes (2009) *Understanding Second Language Acquisition,* London: Hodder Education.
  第二言語習得研究の外観がつかめるように構成された入門書である．本章で取り扱ったテーマに関してもより深く論じられている．
- 白畑和彦・若林茂則・村野井仁 (2010)『詳説 第二言語習得研究―理論から研究法まで―』研究社．

本章で取り扱わなかった理論に基づく第二言語習得研究，第二言語指導の研究などの概説とその研究成果が紹介されている．また，第二言語習得研究におけるデータの収集方法，研究論文の書き方などに関しても詳しく解説されている．
- Gass, Susan M. and Alison Mackey (2012) *The Routledge Handbook of Second Language Acquisition,* NewYork: Routledge.

　第二言語習得研究の理論からその応用まで様々なテーマごとに，その研究の背景，中心的課題，今後の動向について論じられている．
- Gass, Susan, Jennifer Behney and Luke Plonsky (2013) *Second Langugae Acquisition: An Introductory Course.* 4th edition, New York & London: Routledge.

　第二言語習得研究の入門書であるが，本章との関連では，第14章の "Nonlanguage Influence" が参考になる．

文　献

小柳かおる (2004)『日本語教師のための新しい言語習得概論』スリーエーネットワーク．
向山陽子 (2009)「学習者の適性プロフィールと学習効果の関連―クラスタ分析による検討―」『第二言語としての日本語の習得研究』12: 66-85.
大関浩美 (2013)『日本語を教えるための第二言語習得論入門』くろしお出版．
白畑和彦・若林茂則・村野井仁 (2010)『詳説 第二言語習得研究―理論から研究法まで―』研究社．
鈴木孝明・白畑和彦 (2014)『ことばの習得―母語獲得と第二言語習得―』くろしお出版．
八島智子 (1997)「外向性，内向性と外国語学習に関する一考察―アメリカに留学する高校生の調査より―」『語学ラボラトリー学会 (LLA) *Language Laboratory*』34: 93-105.
Birdsong, David (1992) "Ultimate Attainment in Second Languauge Acquiistion." *Language* 68: 705-755.
Birdsong, David and Michelle Molis (2001) "On the Evidence for Maturational Constraints on Second-Language Acquisition." *Journal of Memory and Language* 44: 235-249.
Bley-Vroman, Robert (1990) "The Logical Problem of Foreign Language Studies." *Linguistic Analysis* 20: 3-49.
Bongaerts, Theo (1999) "Ultimate Attainment in L2 Pronunciation: the Case of Very Advanced Late Learners of Dutch as a Second Language." In: Birdsong, D. P. (eds.) *Second Language Acquisition and the Critical Period Hypothesis,* Mahwah, NJ: Lawrence Erlbaum, 133-159.
Brown, Roger (1973) *A First Language,* Cambridge, MA: Harvard University Press.
VanPatten, Bill and Jessica Williams (eds.) (2007) *Theories in Second Language Acquisition: An Introduction,* Mahwah, NJ: Lawrence Erlbaum.
Carroll, John B and Stanley Sapon (1959) *Modern Language Aptitude Test-Form A,* New York: The Psychological Corporation.
Chomsky, Noam (1959) "A Review of B. F. Skinner's Verbal Behaviour." *Language* 35: 6-58.

Chomsky, Noam (1965) *Aspects of the Theory of Syntax,* Cambridge, MA: MIT Press.
Corder, S. Pit (1967) "The Significance of Learners' Errors." *International Review of Applied Linguistics* **9**: 161-170.
Chomsky, Noam (1981) *Lectures on Government and Binding,* Dordrecht, The Netherlands: Foris.
Chomsky, Noam (1986) *Barriers,* Cambridge, MA: MIT Press.
Chun, Dorothy M and J. Scott Payne (2004) "What Makes Students Click: Working Memory and Look-up Behavior." *System* **32**: 481-503.
Coppoeters, Rudy (1987) "Competence Differences between Native and Near Native Speakers." *Language* **63**: 544-573.
Deci, Edward L. and Richard M. Ryan (1985) *Intrinsic Motivation and Self-determination in Human Behavior,* New York: Plenum Press.
Dewaele, Jean-Marc and Adrian Furnham (1999) "Extraversion: the Unloved Variable in Applied Linguistics Research." *Language Learning* **49**: 509-544.
Dewaele, Jean-Marc and Adrian Furnham (2000) "Personality and Speech Production: A Pilot Study of Second Language Learners." *Personality and Individual Differences* **28**: 355-365.
Dörnyei, Zoltán and Istvan Ottó (1998) "Motivation in Action; A Process Model of L2 Motivation." *Working Papers in Applied Linguistics,* London: Thames Valley Univeristy **4**: 43-69.
Dörnyei, Zoltán (2005) *The Psychology of the Language Learner: Individual Differences in Second Language Acquisition,* Mahwah, NJ: Lawrence Erlbaum.
Dulay, Heidi and Marina Burt (1973) "Should We Teach Children Syntax?" *Language learning* **23**: 245-258.
Ellis, Nick C. (1996) "Sequencing in SLA: Phonological Memory, Chunking, and Points of Order." *Studies in Second Language Acquisition* **18**: 91-126.
Fries, Charles C. (1945) *Teaching and Learning English as a Foreign Language,* Ann Arbor: Univeristy of Michigan Press.
Gardner, Robert C and Wallace C. Lambert (1972) *Attitudes and Motivation in Second Language Learning,* Rowley, MA: Newbury House.
Gardner, Robert C. (1985) *Social Psychology and Second Language Learning: The Role of Attitudes and Motivation,* London: Edward Arnold.
Gass, Susan, Jennifer Behney and Luke Plonsky (2013) *Second Languae Acquisition: An Introductory Course.* 4th edition, New York & London: Routledge.
Harrington, Michael and Mark Sawyer (1992) "L2 Working Memory Capacity and L2 Reading Skill." *Studies in Second Language Acquisition* **14**: 112-121.
Higgins, E. Tory (1987) "Self-Discrepancy: A Theory Relating Self and Affect." *Psychological Review* **94**: 319-340.
Horwitz, Elaine K., Michael B. Horwitz & Joann Cope (1986) "Foreign Language Classroom Anxiety." *Modern Language Journal* **70**: 125-132.
Johnson, Jacquelline and Elissa Newport (1989) "Critical Period Effects in Second Language Learning: the Influence of Maturational State on the Acquisition of English as a Second Lan-

guage." *Cognitive Psychology* **21**: 60-99.
Lado, Robert (1957) Linguistics across Culture, Ann Arbor: Univeristy of Michigan Press.
Lenneberg, Eric (1967) *Biological Foundations of Language,* New York: John Wiley.
MacIntyre, Peter D. (1999) "Language Anxiety: A Review of the Research for Language Teachers." In: Young, Dolly Jesusita (eds.) *Affect in Foreign Language and Second Language Learning,* Boston, MA: McGraw-Hill, 24-45.
MacIntyre, Peter D. and Richard C. Gardner (1994) "The Subtle Effects of Language Anxiety on Cognitive Processing in the Second Language." *Language Learning* **44**: 283-305.
MacIntyre, Peter D. and Catherine Charos (1996) "Personality, Attitudes and Affect as Predictors of Second Language Communication." *Journal of Language and Social Psychology* **15**: 3-26.
Moyer, Alene (1999) "Ultimate Attaiment in L2 Phonology: the Critical Factors of Age, Motivation, and Instruction." *Studies in Second Language Acquisition* **21**: 81-108.
Muñoz, Carmen (ed.) (2006) *Age and the Rate of Foreign Language Learning,* Clevedon, UK: Multilingual Matters.
Naiman, Neil, Maria Frohlich, Hans Stern and Angie Todesco (1978) *The Good Language Learner,* Toronto: Ontario Institute for Studies in Education.
O'Malley, J. Michael and Anna Uhl Chamot (1990) *Learning Strategies in Second Language Acquisition,* Cambridge, New York: Cambridge University Press.
Ortega, Lourdes (2009) *Understanding Second Language Acquisition,* London: Hodder Education.
Oxford, Rebecca L. (1990) *Language Learning Strategies: What Every Teacher Should Know,* New York: Newbury House/ HarperCollins.
Scovel, Thomas (2000) "A Critial Review of the Critial Period Research." *Annual Review of Applied Linguistics* **20**: 213-223.
Selinker, Larry (1972) "Interlanguage." *International Review of Applied Linguistics* **10**: 209-231.
Service, Elisabet (1992) "Phonology, Working Memory and Foreign-Language Learning." *Quarterly Journal of Experimental Psychology* **45A**(1): 21-50.
Skehan, Peter (1986) "Cluster Analysis and the Identification of Learner Types." In: Cook, V. (ed.) *Experimental Approachs to Second Language Acquisition,* Oxford: Pergamon, 81-94.
Skehan, Peter (1989) *Individual Differences in Second-language Learning,* London: Edward Amold.
Skehan, Peter (1998) *A Cognitive Approach to Language Learning,* Oxford: Oxford University Press.
Skehan, Peter (2012) "Language Aptitude." In: Gass, Susan M. and Alison Mackey (eds.) *The Routledge Handbook of Second Language Acquisition,* 381-395.
Skinner, Burrhus Frederic (1957) *Verbal Behavior,* New York: Appleton-Century-Crofts.
Snow, Catherine and Marian Hoefnagel-Höhle (1977) "Age Differences in the Pronounciation of Foreign Sounds." *Language and Speech* **20**: 357-365.
Snow, Catherine and Marian Hoefnagel-Höhle (1978) "The Critical Age for Second Language Acquisition: Evidence from Second Language Learning." *Child Development* **49**: 1114-118.
Wesche, Marjorie (1981) "Language Aptitude Measures in Streaming, Matching Students with

Methods, and Diagnosis of Learning Problems." In: Diller, K. (eds.) *Individual Differences and Universals in Language Learning Aptitude,* Rowley, MA: Newbury House, 119-139.

Young, Dolly Jesusita (1990) "An Investigation of Students' Perspectives on Anxiety and Speaking." *Foreign Language Annals* **23**: 539-553.

第6章 英語教育と評価研究
―学習到達目標（CAN-DO リスト等）について―

金子　淳

　英語教育における評価研究は，考え方にもよるが，いくつかの項目に分類されうる．一例を挙げると，石川ら（2011）は「英語学力評価論」「英語学力測定論」「英語教育評価論」「テスト開発」「英語入学試験」「英語能力テストとその利用」「英語技能の測定・評価」などに分類している．本来であればこれらすべてに触れる必要があるが，仮にそうした場合，紙数に限りがあるため，表面的な事柄に終始してしまう恐れがある．それゆえ，ここでは英語教育と評価研究について，2018年現在，最も注目すべき点に焦点を絞り述べていくことにする．それは，学習到達目標（CAN-DO リスト等）である．以下の順で述べていくことにする．

6.1　なぜ，今，「学習到達目標（CAN-DO リスト等）」なのか．
6.2　「学習到達目標（CAN-DO リスト等）」の背景．
6.3　「学習到達目標（CAN-DO リスト等）」とは何か．
6.4　「学習到達目標（CAN-DO リスト等）」の意義．
6.5　「学習到達目標（CAN-DO リスト等）」を使ったとしても，効果はあるのか．
6.6　「学習到達目標（CAN-DO リスト等）」の普及度．
6.7　「学習到達目標（CAN-DO リスト等）」の作成ならびに改訂．
6.8　「学習到達目標（CAN-DO リスト等）」の活用について．
6.9　「学習到達目標（CAN-DO リスト等）」（CEFR）と日本語教育．

6.1　なぜ，今，「学習到達目標（CAN-DO リスト等）」なのか

　なぜ，今，学習到達目標（CAN-DO リスト等）なのか．それは，日本の英語教育の歴史において，ある意味画期的であり，革命的な意義があると思われるからである．
　明治維新以降，日本の英語教育は文法訳読方式が主流であり，これに，戦後パターン・プラクティスを特徴とするオーディオリンガル教授法（オーラル・アプローチ）が加わることとなった（白井 2008: 121）．しかし，文法訳読方式もオー

ディオリンガル教授法も，正確さにこだわり形式的に文法を憶えさせる傾向があったため，現実にはありえない，学習者の意図とは無関係な文の操作に終始してきた．具体的にいえば，カードを使い，機械的・形式的に文を変化させ，社会的コンテクストがまったくない文法や文型を憶えさせてきたのである．文法訳読方式やオーディオリンガル教授法は長く日本の英語教育で実施されてきたが，その成果といえば，リーディングはまだしも，スピーキングに関しては疑問視されるような状況であった．

　この点を踏まえ，スピーキングなどコミュニケーション能力の向上が必要とされ，中学校・高等学校においてコミュニケーション重視の授業が実施されるようになってきた．しかし，それでも，成績をつける段階になると依然として文法項目が習得できたかという従来通りの評価方法が行われてきたのである．これは致命的であったといえる．なぜなら，いくらコミュニケーション重視の授業をしても，評価が従来通り文法の定着度のみを測るものであれば，そもそもコミュニケーション重視の授業をする意味がまったくなくなってしまうからである．よく耳にすることであるが，「いくらコミュニケーション重視の授業をしても，結局，入学試験が従来通り文法中心の試験では，コミュニケーション重視の授業をやっても意味がない」ということは，その考えの是非はともかく，この状況とある程度似ているかもしれない．

　学習到達目標（CAN-DO リスト等）は，この重大かつ深刻な問題を解決するものであると考える．学習到達目標（CAN-DO リスト等）に基づく言語習得は，もはや，かつてのように文法訳読方式やオーディオリンガル教授法のように，機械的・形式的に文法や文型を憶えるものではない．「言語の形式にではなく言語の意味に焦点をあてる，すなわち言語を使ってメッセージを伝える」コミュニカティブ・アプローチ（伝達中心の教授法）（白井 2008: 120）に基づいた，第二言語習得論（Second Language Acquisition）の知見を踏まえた言語観に立っている．具体的にいえば「現在完了」の「経験」という文法を定着させるために，学習者自身の思いと無関係な英文を形式的に言わせ定着度を評価するということは行われず，学習者が自分の「訪れたことがある場所を簡単な英語で表現することができる」ことを「到達目標」とした言語活動を授業で実施していくことになる．このような言語活動を重ねることによって，英語を頭で理解し記憶するのではなく，実際に使いながら身に付けていくことになる．そして，学期末にその「到達目標」に達しているかどうかを検証するため，「達成状況を把握」し評価を行うことに

なる．

　加えて，文法訳読方式やオーディオリンガル教授法では，スピーキングやライティングの評価は主に「文法」の観点からのみの評価であったが，学習到達目標（CAN-DO リスト等）では「文法」のみならず「内容」も評価の対象となる．つまり，コミュニケーションを重視した授業を，コミュニケーションを重視した評価方法で評価するのである．ここにきてようやく，授業内容と評価方法がコミュニケーション重視で一致したのである．この意味で，冒頭において，学習到達目標（CAN-DO リスト等）は日本の英語教育の歴史において画期的であり，革命的な意義があると述べたのである．

　しかし，実際に小学校・中学校・高等学校の教員や学生と学習到達目標（CAN-DO リスト等）について話をすると，この学習到達目標（CAN-DO リスト等）の重要性があまり理解されていないように感じることがある．まず，CAN-DO リストを作ってください，ということが先行してしまっていることと関係するのかもしれないが，学習到達目標（CAN-DO リスト等）はリストを作成することだと思っているように思えるふしがある．時々，「学習到達目標（CAN-DO リスト等）です」と示されたものに，年間指導計画のような細かい内容がぎっしり書き込まれていてびっくりすることがある．学習到達目標（CAN-DO リストなど）とは年間指導計画ではないし，単にリストを作ることでもない．

　したがって，ここでは，第二言語習得論やヨーロッパ言語共通参照枠（Common European Framework of Reference for Languages, CEFR）の学術的知見を十分に踏まえつつ，文章表現としては中学校・高等学校の英語の教員，英語の教員免許を取得することをめざす学生，これから英語が教科となる小学校の教員，英語を今現在学習している人たちが理解しやすいよう，学術的レベルを保ちつつ，噛み砕いてわかりやすく述べていくこととする．

6.2 「学習到達目標（CAN-DO リスト等）」の背景

　まず，学習到達目標（CAN-DO リスト等）がどのような経緯で人口に膾炙するようになってきたか，その背景から述べることにする．もっとも，学習到達目標（CAN-DO リスト等）の背景を述べる際，どの時点から論じるか，という問題が生じるので気をつける必要がある．なぜなら，学習到達目標（CAN-DO リスト等）の起源を探っていけば当然ヨーロッパ評議会が策定した CEFR に辿りつくが（投

野編 2014: 52），CEFR が成立した背景も踏まえるとさらに遡る必要が生じ，きりがなくなってしまうからである．したがって，ここでは日本での動向に焦点を絞ることにする．その観点からすれば，研究者や学会でのいくつかの取り組みがあるものの，何よりも大きなものとして，文部科学省の「グローバル化に対応した英語教育改革実施計画」があるといえるだろう．

21 世紀に入り，いっそうグローバル化が加速してきている．文部科学省はその世界的な流れに対応していく必要性を感じ，「グローバル化に対応した英語教育改革実施計画」を平成 25 年 12 月 13 日に公表した．それを受け，「英語教育の在り方に関する有識者会議」を平成 26 年 2 月 4 日に召集し，約半年かけて議論された内容を「今後の英語教育の改善・充実方策について 報告 〜グローバル化に対応した英語教育改革の五つの提言〜」として同年 9 月 26 日にまとめ，公表した．その「五つの提言」のうち，2 つ目にあたる「改革 2．学校における指導と評価の改善」において，「学習到達目標」や「CAN-DO」という文言が明記されている．

> 「各学校は，学習指導要領を踏まえながら，4 技能を通じて「英語を使って何ができるようになるか」という観点から，学習到達目標を設定（例：CAN − DO 形式）し，指導・評価方法を改善．」

もっとも，学習到達目標（CAN-DO リスト等）自体はこれに遡ること約 3 年前から動きがあった．平成 22 年 11 月 5 日に初等中等教育局長決定により「外国語能力の向上に関する検討会」が組織され，翌 23 年 6 月「国際共通語としての英語力向上のための 5 つの提言と具体的施策」が示された．これを踏まえ，文部科学省は「外国語教育における『CAN-DO リスト』の形での学習到達目標設定に関する検討会議」を設置し，検討を重ね，平成 25 年 3 月に「各中・高等学校の外国語教育における『CAN-DO リスト』の形での学習到達目標設定のための手引き」を公表した（「はじめに」）．言い換えれば，すでに先行していた学習到達目標（CAN-DO リスト等）の動きが 3 年後に公表された「グローバル化に対応した英語教育改革実施計画」のなかに組み込まれ，さらに発展してきた，とみることもできる．

6.3 「学習到達目標（CAN-DO リスト等）」とは何か

ならば，その「学習到達目標（CAN-DO リスト等）」とは何か，その定義を押さえておく必要がある．「学習到達目標（CAN-DO リスト等）」についていろいろな定義がなされていて混乱が生じやすいところではあるが，最も簡便な形で示さ

れている定義を示すことにする．

　文部科学省が「グローバル化に対応した英語教育改革実施計画」に基づいた「グローバル化に対応した英語教育改革の五つの提言」で示した事柄が実際に学校現場においてどれくらい実践されているかを検証するため，平成 25 年度より毎年実施している調査に「英語教育実施状況調査」がある．例年，秋頃から年末にかけて調査が行われ，翌年 4 月に結果を公表するというスケジュールで進められている．その「英語教育実施状況調査」のうち，平成 28 年度「英語教育実施状況調査」(中学・高等学校関係) において，学習到達目標 (CAN-DO リスト等) の定義が端的に示されている．

　「CAN-DO リスト」形式の学習到達目標とは，「学習指導要領に基づき，生徒が身に付ける能力 (英語を使って何ができるようになるか) を，各学校が明確し，教員が生徒の指導改善に活用する取組」(原文のママ) (平成 28 年度「英語教育実施状況調査」(中学・高等学校関係))

　同様に，文部科学省が公表した「各中・高等学校の外国語教育における「CAN-DO リスト」の形での学習到達目標設定のための手引き」では，以下のように定義されている．

　「CAN-DO リストとは，学習指導要領に基づき，各中・高等学校が生徒に求められる英語力を達成するための目標 (学習到達目標) を「言語を用いて何ができるか」という観点から，具体的に設定されたものである」(p.3)

　上記二つの文章にある "CAN-DO" という文言は，「学習者・教授者・評価者が共通の尺度を持って能力を記述し，評価するには，学習者の要求と需要を満たし，技能と資質面から見て到達可能な学習目標を，明確・明示的に "CAN-DO" で表現する」という CEFR の理念に由来する (投野編 2014: 52)．また，「英語を使って何ができるようになるか」あるいは「言語を用いて何ができるか」という文言の背後には，根岸雅史によれば，行動中心主義の考え方があるとされる．根岸は「CAN-DO リストは日本の英語教育に何をもたらすか」の中で，「CAN-DO リストとは Can-Do のディスクリプタのリストである．つまり，学習者がその言語でできることを記述したものである．それは，英語を使って何ができるかという行動中心主義であり，評価としては，英語の学習の結果として何ができるようになったかにフォーカスが当たっている点が重要な点である」と述べている．行動中心主義とは，「言語の使用者と学習者をまず基本的に『社会的に行動する者・社会的存在』，つまり一定の与えられた条件，特定の環境，また特殊な行動領域の中で，

（言語行動とは限定されない）課題を遂行・完成することを要求されている社会の成員と見なす」考え方である（Council of Europe 2001: 9）（日本語は吉島による）．すなわち，言語に関する知識だけを切り離して学習・教育するのではなく，より自然な言語使用の活動を通して，言語コミュニケーション能力の育成を目指すということである（投野編 2014: 17）．それゆえ，現実にはありえない，形式的な文法や文型の練習ではなく，社会的文脈を踏まえた，現実の日常生活に即した言語活動が重視されることになる．

6.4 「学習到達目標（CAN-DO リスト等）」の意義

学習到達目標（CAN-DO リスト等）の意義を 3 つにまとめる．
① 世界共通の基準である．
② 到達目標を意識した授業へ．
③ コミュニケーションの観点から評価する．

まず①「世界共通の基準である」であるが，学習到達目標（CAN-DO リスト等）はいうまでもなくヨーロッパ言語共通参照枠（CEFR）に由来する．厳密にいえばヨーロッパにおける言語能力の基準であるが，アジアの国々も多数採用している（投野編 2014: 87-90）点を考慮すれば，ある意味世界共通の基準となりつつある．中学校・高等学校は学習到達目標（CAN-DO リスト等）を作成し，活用することにより，世界基準に基づいた基準で英語教育に取り組んでいくことになる．

次に，②「到達目標を意識した授業へ」は授業が大きく変わることを意味する．これまでは，年間指導計画を立て，それに沿って授業を行い，試験を実施し評価を行ってきた．しかし，点数での評価が行われるものの，当初の目標が達成されたかどうかという検証は必ずしも行われてはこなかった．それに対し，学習到達目標（CAN-DO リスト等）に基づいた授業と評価は，授業や試験の際，内容が学習到達目標（CAN-DO リスト等）につながっているかどうか常に意識することが重要になってくる．この点が最も大きなポイントになる．しかし，学習到達目標（CAN-DO リスト等）を使った授業に慣れておらず，つながりがイメージしにくい場合もあるかもしれない．そのような場合，どうしたらよいだろうか．

その場合，学習到達目標（CAN-DO リスト等）に基づいた試験問題を学期初めにあらかじめ作っておくことも一つの方法である．学習到達目標（CAN-DO リスト等）を基に作成した試験問題に生徒が答えることができた場合，目標を達成で

きたといえる．つまり，生徒の達成状況を把握できることになる．ならば，その問題に生徒がきちんと答えてくれるようになるためには，その試験問題に類似した言語活動を，授業の際に豊富に実践しておく必要がある．そうでなければ，生徒は問題に正しく答えることができないからである．すると，結果的に授業のやり方そのものが大きく変わってくることになる．これまでは，授業をして，学期末が迫ってきたのでどのような問題を出そうか，と試験問題を作っていたが，そうではなく，試験問題を意識した授業を始めから実施していくことになり，授業から試験までより綿密で一貫した教育が施されることになる．この意味において，授業そのもののあり方が大きく変わることになるのである．もちろん，学習到達目標（CAN-DO リスト等）を使った授業に慣れてきたら，以前のように試験が近づいてきたときに試験問題を作成しても問題はない．ただ，その場合であっても，常に授業の際，今行っている授業が学習到達目標（CAN-DO リスト等）につながっているものか，そして試験問題が学習到達目標（CAN-DO リスト等）につながっているものなのか，必ず意識する必要がある．

③「コミュニケーションの観点から評価を行う」であるが，この点について，すでに 6.1 節で述べたので繰り返しを避けるが，端的にいうなら，コミュニケーションを重視した授業を，コミュニケーションを重視した評価方法で評価するということである．ここにきてようやく，コミュニケーション重視の授業内容とそれを適切に評価するための評価方法が一致したということになる．この背景には，言語観が，形式的な文法訳読方式やオーディオリンガル教授法から，コミュニカティブ・アプローチ（伝達中心の教授法）へと移っていったことがある（白井 2008: 120）．現在，英語教育において主流となっている第二言語習得論や CEFR も，それぞれ差異があったとしても，基本的にこの言語観の上に立って展開されている．

6.5 「学習到達目標（CAN-DO リスト等）」を使ったとしても，効果はあるのか

中学校・高等学校の先生からよく質問されることがある．それは，「学習到達目標（CAN-DO リスト等）」を使って授業をしたとして，効果はあるのですか，という質問である．その質問に対して，筆者は「効果は，あります」と答えている．

具体例を示すなら，平成 24 年度から 26 年度の福島県英語指導力向上事業（平

成26年度より文部科学省「外部専門機関と連携した英語指導力向上事業」）における，福島県猪苗代町立東中学校での取り組みがある．福島県教育委員会，猪苗代町教育委員会の指導の下，福島大学・宮城教育大学・山形大学の教員が外部有識者で関わり，猪苗代東中学校の渡部真喜子教諭を中心として3年間「学習到達目標（CAN-DOリスト等）」を活用した授業に取り組んだ．

　文科省の「生徒の英語力向上推進プラン」によれば，中学3年生の英検3級以上取得者の目標は50％以上である．しかし，実際の取得者は平成26年度の数値によれば18.4％に留まっている．仮に，これに英検3級相当の英語力が見込まれる生徒16.3％を加えたとしても，34.7％に過ぎず，文科省の目標には遠く及ばない結果となっている．

　一方，猪苗代東中学校の場合は，平成26年度の中学校3年生40名中，英検3級の取得者は21名，準2級の取得者は3名，なかには何と2級を取得した生徒が1名という結果であった．英検3級以上の取得者は約62％ということになる．数値の上では文科省の目標を簡単にクリアしていることになる（渡部，p. 34）（表6.1）．驚くべきことは，中学3年生の段階で，英検2級を取得した生徒がいることである．英検2級はCEFRのB1に相当し，高等学校修了時相当の英語力ということになる．言い換えれば，ある程度の難易度のある大学にも入学できる英語力を，すでに中学校3年生の段階で身に付けたことになるのである．

　このような驚くべき結果になったのは，なぜだろうか．もちろん，渡部教諭の指導力や，福島県教育委員会と猪苗代町教育委員会の指導と支援によるところが大きいことはいうまでもない．それを踏まえたうえで，単純に英語の授業内容について考えるなら，やはり，普段の授業において4技能（5領域）を踏まえた言

表6.1　平成26年度「英検3級以上取得者の状況」

文科省の目標	平成26年度調査	平成26年度猪苗代東中学校
50％	18.4％ 3級相当の実力が見込まれる生徒を加えた場合 34.7％	62％ （40名中25名） 内訳　3級——21名 準2級—3名 2級——1名

文部科学省「生徒の英語力向上推進プラン」と渡部真喜子「CAN-DOリストを活用した英語科授業の実践　福島県猪苗代町立東中学校」をもとに著者が作成した．

語活動を行ったことが大きかったといえるだろう．特にスピーキングに関して，その効果は顕著であるように思われる．これまでの英語の授業ではリーディングやリスニングが中心であり，普段からスピーキングを練習する機会は不十分であった．それゆえ，英検の二次試験で実施される英語面接によるスピーキングにはうまく対応できなかった可能性が高い．しかし，「学習到達目標（CAN-DO リスト等）」を活用することにより，日頃の授業においてスピーキングなどの言語活動を豊富に行ったことでスピーキング能力が向上し，その効果が上記の結果として表れたのだと考えられる．

このような成果をみてしまうと，猪苗代東中学校は何か特別な学校ではないか，と思われるかもしれない．しかし，実際はごく普通の，どこにでもある地方の中学校である．猪苗代町を訪れた人ならわかると思うが，のどかな場所にあり，決して都会の中学校のように周囲に英語が溢れているような環境ではない．逆に，授業以外，英語に触れる機会はほとんどないのではないかと思われるくらいである．その意味では，むしろ英語をめぐる環境からすればハンディキャップがあるといってもいいかもしれない．加えて，渡部教諭はクラスの生徒の成績は上位と下位の差が激しいと述べている（福島県猪苗代町教育委員会, p.30）．英語が得意な生徒もいれば，そうでない生徒もいるクラスなのである．この意味において，猪苗代東中学校はごく普通の，どこにでもある中学校であるといえる（ちなみに，この取り組みは「CAN-DO リストを活用した英語科授業の実践」として，東京書籍第 31 回（平成 27 年度）「東書教育賞」中学校部門最優秀賞を受賞した）．

6.6 「学習到達目標（CAN-DO リスト等）」の普及度

では，学習到達目標（CAN-DO リスト等）は，現在どれくらい普及しているのであろうか．すでに述べたが，文部科学省は「今後の英語教育の改善・充実方策について　報告〜グローバル化に対応した英語教育改革の五つの提言〜」で示した内容が実施されているかどうかを検証するため，「英語教育実施状況調査」を毎年実施している．この調査では様々な事項が検証されているが，「学習到達目標（CAN-DO リスト等）」がどれだけ中学校・高等学校に普及しているかということも調査している．平成 28 年度「英語教育実施状況調査」の結果では（平成 27 年 12 月 1 日を基準日とする），図 6.2，図 6.3 のようになっている．（文部科学省の「英語教育実施状況調査」は毎年実施されており，調査結果は翌年 4 月以降に，文

部科学省のサイトにて公開されている)．

　この調査は，学習到達目標（CAN-DO リスト等）について，以下の3つの観点から実施されている．

　①「CAN-DO リスト形式の学習到達目標の設定」
　②「CAN-DO リスト形式の学習到達目標の公表」
　③「CAN-DO リスト形式の学習到達目標の達成状況を把握」

　わかりやすくいえば，①は「CAN-DO リストを作成していますか」，②は「CAN-DO リストを公表していますか」，③は「CAN-DO リストを，授業において活用し，目標が達成されているかどうか，状況を把握し，確認していますか」ということになる．

　このうち，①の「CAN-DO リスト形式の学習到達目標の設定」という点は概ね高い数値となっており（高等学校 88.1%，中学校 75.2%），中学校や高等学校において学習到達目標（CAN-DO リスト等）の作成は進んでいると思われる．

　一方，気になる点として②「CAN-DO リスト形式の学習到達目標の公表」と③

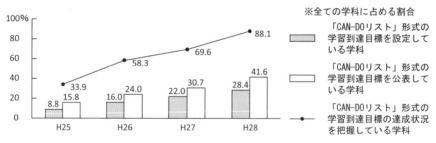

図 6.2　「CAN-DO リスト」形式による学習到達目標の設定等の状況
（平成 28 年度「英語教育実施状況調査　高等学校」平成 29 年 4 月公表）

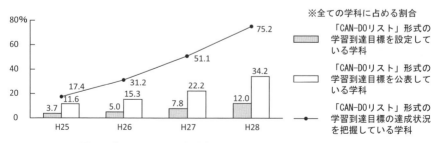

図 6.3　「CAN-DO リスト」形式による学習到達目標の設定等の状況
（平成 28 年度「英語教育実施状況調査　高等学校」平成 29 年 4 月公表）

「CAN-DO リスト形式の学習到達目標の達成状況を把握」の数値は年々伸びてはいるものの，①「CAN-DO リスト形式の学習到達目標の設定」に比べるとかなり緩やかである．見方を変えれば，あまり進んでいないともいえる．

②「CAN-DO リスト形式の学習到達目標の公表」の数値の低さは，二つの要素が絡んでいるように思われる．一つは，そもそも「公表する」という言葉の意味があまりよく理解できていないのではないか，ということである．「公表する」ということですぐに頭に浮かぶのは，学校のサイトでインターネット上に公開することである．もちろん，それも「公表する」の一つかもしれない．しかし，文部科学省が明示している「公表する」には以下の例がある．「各中・高等学校の外国語教育における『CAN-DO リスト』の形での学習到達目標設定のための手引き」では，シラバスを作成している学校の場合，シラバスに「CAN-DO リスト」の形で設定した学習到達目標を反映させ，生徒と共有することで，「公表する」ということになる．また，「CAN-DO リスト」の形で設定した学習到達目標を生徒による自己評価のためにわかりやすく書き下したものを作成する場合も「公表する」ということになるのである (pp. 37-38)．いずれの場合も，生徒と共有するということがポイントになってくる．

二つ目は，この後に述べる③「CAN-DO リスト形式の学習到達目標の達成状況を把握」と連動してくることになるが，そもそも学習到達目標（CAN-DO リスト等）を普段の授業で活用していないがゆえ，公表にまでつながっていかないのではないか，ということである．この意味においても，今後の課題として，学習到達目標（CAN-DO リスト等）の活用をさらに進めていくことが重要になってくる．

③「CAN-DO リスト形式の学習到達目標の達成状況の把握」は，簡単にいってしまえば「CAN-DO リストを活用していますか」ということになる．上で述べたように，この項目の数値の低さは，おそらく，中学校・高等学校ともに学習到達目標（CAN-DO リスト等）を作成したものの，まだきちんと活用するところまで至っていないことを示しているように思われる．この点が，学習到達目標（CAN-DO リスト等）に関して，現時点で一番の問題となっている点であると思われる．

この状況を改善していくために，どのような取り組みが行われているだろうか．その一つとして，山形県での筆者の取り組みを紹介したい．2016 年に，公益財団法人「やまがた教育振興財団」の「教員養成に関する調査研究事業」より平成 28 年度研究助成金の交付を受け，「山形県の中学校・高等学校における，英語 CAN-DO リスト普及化への対応をはかるカリキュラムもしくはプログラムの開発・試

行」を実施した．中学校・高等学校の教員が CAN-DO リストについてどのように考えているか意識調査を行い，その結果明らかになった問題点を解決するための方策を，山形大学における教員養成において実践していく取り組みである．具体的には，学部や教職大学院の授業，教員免許状更新講習，各種研修会などで，学習到達目標（CAN-DO リスト等）を活用できるようにしていく研修を実施している（なお，平成 29 年度は，2020 年に小学校で英語が教科となる点に着目し，「山形県における，小学校英語教科化に対応するための実践的カリキュラムならびにプログラムの開発研究」を行った．その調査項目のなかに，小学校における学習到達目標（CAN-DO リスト等）も含まれている）．このような取り組みによって，山形県における学習到達目標（CAN-DO リスト等）の「設定」「公開」「達成状況の把握」がいっそう進んでいくことが期待される．

6.7 「学習到達目標（CAN-DO リスト等）」の作成ならびに改訂

ここまでは「学習到達目標（CAN-DO リスト等）」について一般的なことをみてきた．次に，「学習到達目標（CAN-DO リスト等）」がどのように作成され，あるいは改訂されていくべきか，という点について述べることにする．

「学習到達目標（CAN-DO リスト等）」作成のポイントは，以下の 6 つになる．ちなみに，一度作った「学習到達目標（CAN-DO リスト等）」を改訂する場合も同様に，以下の点が重要になる．

① CEFR を意識する．
② CEFR-J を参考にする．
③ 学習指導要領を踏まえる．
④ 教科書の内容を踏まえる．
⑤ 子どもたち，生徒の状況を踏まえる．
⑥ 文部科学省「各中・高等学校の外国語教育における『CAN-DO リスト』の形での学習到達目標設定のための手引き」を参照する．

筆者が以前，「学習到達目標（CAN-DO リスト等）」の研修会で講師をした際，よく聞かれたことがあった．それは，「CAN-DO リストを自分で勝手に作っていいんですか？」「どのような基準で作ったらいいのかよくわかりません」というものであった．「学習到達目標（CAN-DO リスト等）」はそれぞれの中学校や高等学校で作成されるものであり，その内容も各学校の教員に委ねられている．しかし，

勝手に作っていい，というものでは決してない．
　まずは，おおもとの「① CEFR を意識する」ことが重要になる．なぜなら，CEFR を意識することによって「学習到達目標（CAN-DO リスト等）」を作成すれば，少なくとも大体の基準が担保されるからである．具体的には，中学校3年生で目標とされる英語力は英検3級程度とされているので，CEFR では A1 に該当する．高等学校2年生は英検準2級程度で A2 相当，高等学校3年生は英検2級程度で B1 相当となる．「学習到達目標（CAN-DO リスト等）」の基準を考える際，これらが一つの目安になる．もちろん，これは一つの目安にすぎず，必ずこの基準を遵守して作成しなければならないということではない．
　次に大事なのは，「② CEFR-J を参考にする」である．上述したように CEFR は世界基準として認知されつつあるが，あくまでヨーロッパの言語環境を踏まえて策定されたものである．日本に持ってきてそのまま使えるかというと，必ずしもそうではない．例えば，CEFR の理念の一つに「複言語主義」「複文化主義」がある（投野 2014: 18-22）．しかし，日本ではこの点はあまり注目されてはいない．日本では，CEFR はもっぱら英語力を測る基準としてのみ使われている印象がある．
　さらに，言語の習熟度もヨーロッパと日本とでは相違がある．仮に，もし日本で CEFR をそのまま適用するとなると，英語に関していえば日本人の多くは A1 に相当し，C1 や C2 はほとんどいないという状況になってしまう．これでは，英語の能力を測る尺度としては適切ではない．それで，日本における英語の言語環境に合ったものを作成する必要性が生じたため，策定されたのが CEFR-J である（投野 2014: 93）．
　CEFR-J とは，「欧州共通言語参照枠（CEFR）をベースに，日本の英語教育での利用を目的に構築された，新しい英語能力の到達度指標である」(http://www.cefr-j.org/cefrj.html より)．CEFR の基準に従うなら日本人の多数が A1 に属することになると上述したが，CEFR-J ではその A1 をさらに A1.1, A1.2, A1.3 の3段階に分けている．同様に A2 は A2.1 と A2.2, B1 は B1.1 と B1.2, B2 は B2, 1 と B2, 2 のそれぞれ2段階に分けている．さらに特筆すべきこととして，A1 の下に Pre-A1 が設定されていることである．これは，小学校で身につけておくべき英語力を想定している（投野 2014: 93）．このように CEFR-J は日本の言語環境に配慮して作られているが，利用する際に著作権者に連絡をして許可を得る必要があることに留意する必要がある．
　CEFR-J が A1, A2, B1, B2 を細分化したことを理解するためには，CEFR の重要

な概念である「枝分かれ」の概念を理解する必要がある（Council of Europe 2001: 31）.「枝分かれ方式の利点は，レベルや能力記述文の共通の枠組みを，それぞれの地域の必要性に応じて，共通の枠組みと連絡を保ちながら，当該地域の利用者の異なった観点に基づいて実際的なレベルに分けていくことが可能な点にある」ということである（Council of Europe 2001: 32）（日本語は吉島による）．つまり，CEFRは自らいろいろな国や地域特性に合わせ，さらに細分化されることを容認しているのである．これが，CEFR-JでA1を細分化したり，A1よりも下位区分のPre-A1を作成している根拠となっている（投野 2014: 94）（図6.4，図6,5）．

この考えをさらに発展させるなら，各小学校・中学校・高等学校において，各学校の状況に合わせて「学習到達目標（CAN-DOリスト等）」を作成することは，それぞれの学校の教員が勝手に作成するのではなく，CEFRに基づき，CEFRの「枝分かれ」の理念に則って，それぞれの学校の状況に合った「学習到達目標（CAN-DOリスト等）」を作成する，ということになる．

時々，中学校・高等学校の教員から「CEFRをそのまま使えばいいのであって，

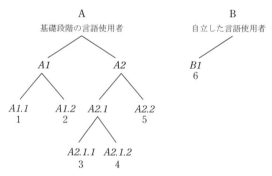

図 6.4　CEFRの「枝分かれの図」1（Council of Europe 2001: 32-33；吉島・大橋ほか編 2014: 33）

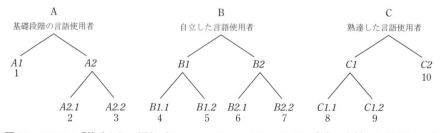

図 6.5　CEFRの「枝分かれの図」2（Council of Europe 2001: 32-33；吉島・大橋ほか編 2014: 33）

何もわざわざ学習到達目標（CAN-DO リスト等）を中学校・高等学校でそれぞれ作る必要はないのではないですか？」と質問されることがある．これは一面からするとその通りなのであるが，すでにみてきたように，そのまま適用した場合，言語環境の違いにより日本人のほとんどが A1 に属することから，ほとんどの生徒が A1 に集中する可能性や，あるいは A1 にすら入らない状況も出てくる可能性が十分に考えられる．これでは，基準として使用するにははなはだ疑問である．やはり，CEFR を踏まえたうえで，それぞれの学校の状況に合った学習到達目標（CAN-DO リスト等）を作成して活用していくほうがより現状に適合しており，適切であると思われる．

　次に「③学習指導要領を踏まえる」であるが，それぞれの学校において「学習到達目標（CAN-DO リスト等）」を作成する際には，やはり，学習指導要領をきちんと踏まえておくことが大切である．この点は，上述した「学習到達目標（CAN-DO リスト等）」の定義のなかでも明記されている．具体的には，平成28年度「英語教育実施状況調査」では，「CAN-DO リスト」形式の学習到達目標とは「学習指導要領に基づき，生徒が身に付ける能力（英語を使って何ができるようになるか）を，各学校が明確し，教員が生徒の指導改善に活用する取組」（原文のママ）としているし，「各中・高等学校の外国語教育における「CAN-DO リスト」の形での学習到達目標設定のための手引き」でも，「CAN-DO リストとは，学習指導要領に基づき，各中・高等学校が生徒に求められる英語力を達成するための目標（学習到達目標）を「言語を用いて何ができるか」という観点から，具体的に設定されたものである」（文部科学省，各中・高等学校，p.3）としている．

　この点を踏まえ，平成30年度（2018年度）先行実施，平成32年度（2020年度）全面実施の学習指導要領について触れておきたい．小学校学習指導要領と中学校学習指導要領の「各言語の目標及び内容等」「英語」「1 目標」では，「～できるようにする」と書かれていることは大きな意味をもっている．なぜなら，それらの文言は「聞くこと」「読むこと」「話すこと [やり取り]」「話すこと [発表]」「書くこと」の4技能・5領域ごとに目標が「～できるようにする」となっているからである（小学校学習指導要領, pp. 137-138；中学校学習指導要領, pp. 129-130）．これは，明らかに「学習到達目標（CAN-DO リスト等）」を意識した文言であると思われる．ただ，気を付けなければならないのは，「学習到達目標（CAN-DO リスト等）」は一般的に学習者が「～できる」という形になっているが，「小学校学習指導要領」「中学校学習指導要領」では「～できる**ようにする**」となって

いる点である．これは教師が授業をしていく際に心がけておくべきことであって，学習指導要領の「各言語の目標及び内容等」「英語」「1 目標」の文言は，決して「学習到達目標（CAN-DO リスト等）」ではないことに注意する必要がある（なお，平成 32 年度（2020 年度）全面実施の「小学校学習指導要領」「中学校学習指導要領」には，「学習到達目標」ならびに「CAN-DO リスト」という文言は使用されてはいない．一方，「小学校学習指導要領解説」「中学校学習指導要領解説」のほうでは「学習到達目標」という文言が示されている）．

　加えて，当然ながら，「学習到達目標（CAN-DO リスト等）」は授業で使用する教科書を踏まえたものでなければならない．すなわち，「④教科書の内容を踏まえる」である．「学習到達目標（CAN-DO リスト等）」と実際に授業で使う教科書が連動していなければならないからである．もっとも，小学校の場合，平成 30 年は検定教科書というものは存在しない．この場合，移行期間の 2 年間は文部科学省が作成した『We Can!』を使用することになる（『We Can!』は移行期間のみ使用され，その後，他教科の教科書と同じように検定済教科書が使われることになる）．

　そして，当然ながら，各学校における「⑤子どもたち，生徒の状況を踏まえる」ことが大事である．これまで①から④まで述べてきたことはもちろん大事であるが，やはり目の前にいる子どもたちや生徒の状況もきちんと踏まえることが重要である．ゆえに，一度作成した「学習到達目標（CAN-DO リスト等）」がうまく現状に合っていない場合には，当然ながら改訂を施す必要が生じる．あるいは，年々子どもたちや生徒の状況が変わっていくことがあるかもしれない．その場合も改訂の必要が生じるだろう．その意味で，「学習到達目標（CAN-DO リスト等）」は一度作ればそれで終わり，というわけではないのである．

　そして，「学習到達目標（CAN-DO リスト等）」の作成ならびに改訂の作業をする際，よくわからない点や，困ったことが生じた場合，⑥文部科学省「各中・高等学校の外国語教育における『CAN-DO リスト』の形での学習到達目標設定のための手引き」を参照することをお薦めする．「学習到達目標（CAN-DO リスト等）」に関してこれまでいろいろな質問を受けてきたが，実はそれらの多くはすでに回答例としてこの「手引き」に記載されていたことが多かった．「学習到達目標（CAN-DO リスト等）」の作成や改訂を行う際，ぜひ活用していただきたいと願っている．

6.8 「学習到達目標（CAN-DO リスト等）」の活用について

「学習到達目標（CAN-DO リスト等）」に関して，上述した山形県での調査の結果明らかになったことの一つに，「CAN-DO リストを作成して，実際に実施した学校でどのような効果が出ているのか，具体的に示して欲しい」という，具体的な活用事例を望む声が非常に多かったことである（金子 2017: 20, 33, 52, 65）．「学習到達目標（CAN-DO リスト等）」を活用していきたいが，どのようにすればよいのかよくわからない，というのが回答者の率直な気持であるように思われる．ところが，その一方で，面白いことに自由記述の回答のなかに「reading, speaking のテストを実施しており，訳読式の授業をやっていないので，4 技能の向上のためのリストといわれても今さらと思う」という意見が寄せられたこともまた印象的であった（金子 2017: 57）．旧態依然とした授業をしている教師がいる一方，意欲的に新しいことに取り組んでいる教師もいるということである．なかには，「学習到達目標(CAN-DO リスト等)」という言葉を知らなくても「学習到達目標(CAN-DO リスト等)」の理念に近いことをすでに実施しているケースもある．本章の冒頭で，「学習到達目標（CAN-DO リスト等）」は日本の英語教育の歴史において，ある意味画期的であり，革命的な意義があると思われる，と述べた．しかし，だからといって，これまでのすべてが否定され，まったく新しいものが導入される，ということでは決してない．

公開授業や授業研究会をみていて，「惜しいな」と思うことが時々ある．それは，同じような言語材料を使い，同じようなことをしているのに，かたや旧態依然としたスタイルになってしまった授業がある一方，「学習到達目標（CAN-DO リスト等）」の考えに基づいた言語活動を実践している授業があるということである．細かいことをいえばきりがないが，おおまかにいうならば，それらを分ける点は意外にわずかな違いであるように感じる．それは，授業者がコミュニカティブ・アプローチの言語観をしっかりもっているかどうか，という点に尽きる．ただし，そのわずかな部分が実は重要なのである．わずかな違いといえばそうかもしれないが，この言語観をもって授業を構成するかどうかが，結果的に大きな違いとなって現れてくる．言い換えれば，これまで実践してきたことはすべて無駄ということは決してなく，今まで授業で実践してきたことをほんの少しの工夫を加えることで，つまりコミュニカティブ・アプローチの言語観で再構成すること

によって,「学習到達目標（CAN-DO リスト等）」の理念に沿った授業に鮮やかに変わることに気がついて欲しいと願っている.

　ここでは上記の点を踏まえつつ,紙数に限りがあるので,主にスピーキングとライティングに焦点を絞って述べる（もちろん,リーディングとリスニングも重要であるが,これまであまり授業で扱われない傾向にあったスピーキングとライティングに触れていきたい).

6.8.1　スピーキング能力の評価

　まず,スピーキングの場合,パフォーマンス・テストをいつ実施するかという問題がある.生徒の成績を正確に測定するという意味で,回数が多いことに越したことはない.しかし,回数が増えればそれだけ教師の負担が重くなってしまう.これを考慮するなら,「単元ごとに実施する」のが望ましい.

　では,どういう問題を出題したらよいのだろうか.上述してきたように,コミュニカティブ・アプローチに立脚し,日常の学校生活など生徒が心から自分の考えを述べたいと思う問題を出題する必要がある.以前は文法のみが評価対象であったが,コミュニカティブ・アプローチの立場からは「内容」も評価対象になる.では,どのようにして「内容」を評価したらよいのか.この場合,問題の作り方を工夫する必要がある.イェール大学ビジネス・スクールのウィリアム・ヴァンス（Vance, W.）は,「英語のメッセージを効果的に伝えるためには,文化に由来した様式に従って,自分の考えを構成していくことが重要である」と述べている（Vance 2009: 176／神田訳).そして,「英語のメッセージを簡単にデザインするための公式」として,以下を示している（Vance 2009: 190).

① I think X,　　　（私は～と考える.）
② Because Y.　　　（なぜなら～だからです.）
③ For example, Z.　（例えば～ということがあるからです.）

　言葉はコミュニケーションのツールである.こちらの意図が,相手にきちんと伝わって初めて意味をもつ.つまり,言葉はただ発すればよい,というものではなく,相手に納得してもらうように言わなければならない.ただ,相手を納得させる話の仕方は文化によって異なる.日本人が納得する説明の仕方とアメリカ人が納得する説明の仕方は,自ずと異なる.英語で話す（書く）場合にはアメリカ人が納得しやすい説明の仕方で話したり（書いたり）する必要がある.問題を作る際には,この点を踏まえなければならない.普段の学校生活・社会生活に関す

る問題を出題し，理由も言わせ，具体例を挙げさせる形である（金子 2018: 24）（ただし，小学校高学年や中学校1年生のように，語彙やフレーズなど基本的な英文のインプットがまだ十分でない段階では，この形式の問題には少し配慮が必要かもしれない）．

　では，評価はどうなるだろうか．スピーキングのパフォーマンス・テストによる評価は，机間指導の際に採点・評価を済ませてしまうことが重要である．ビデオ撮影をして記録しておくことも一つの方法であるが，エビデンスとして残しておくにはいいかもしれないが，授業の後で採点をするために使うというのはよく考えたほうがいいかもしれない．日々の校務がたくさんあるなかで，さらに仕事が増え負担になってしまうからである．それゆえ，採点・評価は授業中に終わらせておいたほうが望ましいように思われる．

　ならば，その評価の観点は，どのようなものになるだろうか．CEFR では，「範囲」「正確さ」「流暢さ」「相互性」「一貫性」の5つの観点が示されている（Council of Europe 2001: 28-29）．しかし，実際に活用していくには少し使いづらい印象も受ける．比較的お勧めなのが，日本英語検定協会の観点である．残念ながら，日本英語検定協会ではスピーキングの観点は公表していないように思われるので扱い方が少し難しいのであるが，ライティングを採点する際の観点は公表している（「ライティングテストの採点に関する観点および注意点（1級　準1級　2級）（準2級）（3級）」）．スピーキングとライティングの相違を十分考慮したうえで，スピーキングに活用していくことも一つの方法としてありうるだろう．以下に，4つの観点を挙げる．

　　観点(1)　内容　（0点〜4点）
　　観点(2)　構成　（0点〜4点）
　　観点(3)　語彙　（0点〜4点）
　　観点(4)　文法　（0点〜4点）

すでに述べたが，従来の英語教育の評価方法では主に「観点(3)語彙」「観点(4)文法」しか考慮してこなかったが，英検の観点では「観点(1)内容」「観点(2)構成」も採点の対象になっていることに気をつける必要がある．「観点(1)内容」は課題で求められている内容（意見とそれに沿った理由や具体例）が含まれているかどうかであり，「観点(2)構成」は述べていることが論理的に一貫しているか，ということである．

6.8.2 ライティング能力の評価

ライティングの場合も，スピーキングのパフォーマンス・テストの実施方法とほぼ同様に考えることができる．ただ，ライティングの場合，定期試験のなかにうまく組み込むのも一つの方法である．ライティングの場合，定期試験の最後の問題に配点が10〜20点くらいの問題を設けてみるとよいかもしれない．ただし，従来の英作文問題のようにならないように気を付ける必要がある．従来の英作文問題は，授業で教えた文法項目が理解できているかどうかを確認するためのものである．一方，「学習到達目標（CAN-DO リスト等）」を活用する場合は，その文法項目を使って，生徒がどのように自分に関わる事柄を表現しているかという点も重要になる．文法項目と同様，内容・表現も重視されていることに気を付けなければならない．時間配分が難しいかもしれないが，分量を調節して10分前後で実施するとよい．ライティングのパフォーマンス・テストの具体的な例として，公益財団法人日本英語検定協会（英検）の3級ライティング問題用教材『Dr. Writeの英検3級ライティングテストに挑戦！』を参考にされるのも良いだろう．

6.9 「学習到達目標（CAN-DO リスト等）」（CEFR）と日本語教育

日本語教育の分野で，CEFR を参考に「JF 日本語教育スタンダード」が開発された．この能力指標を用いた日本語教育の事例が同サイトで多数報告されている（投野 2014: 90）．興味をおもちの方は，ぜひ参考にしていただきたい．

最後に─「学習到達目標（CAN-DO リスト等）」のこれから

学習到達目標（CAN-DO リスト等）についていろいろ述べてきたが，この分野はまだまだ発展途上であるといえる．なぜなら，数年前まであまり明確になっていなかったことが，現在でははっきり示されていることが多くあるからである．この意味で，これからもいろいろな知見が追加されていくと考えられる．特に，学習到達目標（CAN-DO リスト等）に基づいた言語活動が今後どんどん積み重ねられていくことが期待される．これによって，学校の日々の授業における言語活動がいっそう充実していくことになる．あるいは，大筋は変わらないものの，部分的なことと思うが，これまで述べられてきたこと（ここに書いたことも含めて）が修正され，上書きされていくことが起こりうるかもしれない．その意味においても，この分野はそれだけ緒についたばかりであるといえる．

6.9 「学習到達目標（CAN-DO リスト等）」（CEFR）と日本語教育　　　　155

　しかし，いずれの場合でも揺るぎないことは，学習到達目標（CAN-DO リスト等）に基づいた英語学習の本質は変わらない，ということである．その本質とは，以下のようなことである．従来の文法訳読やパターン・プラクティスなどの英語教育を受けてきた一定の年代より上の人ならば，一度は体験することがあるだろう．英語のネイティブ・スピーカーを目の前にしたとき，自分がアメリカに行ったことを伝えようとして，「現在完了」という文法用語が頭に浮かぶものの肝心の英語が出てこなくて，単語を一つ二つ言うだけ，という情けない状況である．学習到達目標（CAN-DO リスト等）がうまく活用されれば，これからの子どもたちにそのようなことは起こらないであろう．なぜなら，英語の授業で「自分が以前，行ったことがある場所について」，自分が本当に言いたいことを話す（書く）言語活動を授業中にたっぷり練習してきているからである．だから，ネイティブ・スピーカーを前にしたときでも，すらすらと英語で自分の思いを伝えることができるようになるであろう．この意味において，いつか，日本人は英語が苦手であるとか，日本人は英語が話せないといわれなくなる日が来ることを望んでやまない．

🔍 より深く勉強したい人のために

- Council of Europe（2001）*Common European Framework of Reference for Languages: Learning, Teaching, Assessment*, Strasbourg: Cambridge University Press.
- 吉島茂・大橋理枝ほか（編訳）(2014)『外国語教育Ⅱ 外国語の学習，教授，評価のためのヨーロッパ共通参照枠』朝日出版社．

　　学習到達目標（CAN-DO リスト等）は，CEFR に由来する．まず，CEFR がどのようなものか押さえておく必要があるだろう．Council of Europe（2001）は英文のオリジナルである．吉島ら訳（2014）は日本語訳になる（ただし，ドイツ語からの和訳であることを留意する必要がある）．

- 投野由紀夫（編）(2014)『CAN-DO リスト作成・活用 英語到達度指標 CEFR-J ガイドブック』大修館書店．

　　CEFR-J に関する基礎的文献である．CEFR についての基礎的な記述もあるので，CEFR の概要を手短に知りたいのであれば，こちらを先に読んでみるとよい．

- 文部科学省「各中・高等学校の外国語教育における『CAN-DO リスト』の形での学習到達目標設定のための手引き」http://www.mext.go.jp/a_menu/kokusai/gaikokugo/1332306.htm

　　学習到達目標（CAN-DO リスト等）を作成する際の手引き書である．巻末に Q&A が設けられている．学習到達目標（CAN-DO リスト等）についていろいろ質問を受け

ることがあるが,実際は,すでにこの手引きに書かれていることがよくある.
- ヴァンス,ウィリアム・A./神田房枝(監訳)(2009)『ドクター・ヴァンスの英語で考えるスピーキング』ダイヤモンド社.
  英語でコミュニケーションをする際のポイントがまとめられている.特に,「英語のメッセージを簡単にデザインするための公式」は必読である.

📖 文 献

荒木史子(2014)『外国語コミュニケーション力に情動が及ぼす影響―CEFR自己評価に基づく分析から―』渓水社.

石川祥一・西田正・斉田智里(編)(2011)『英語教育学体系第13巻 テスティングと評価―4技能の測定から大学入試まで―』大修館書店.

ヴァンス,ウィリアム・A./神田房枝(訳)(2009)『ドクター・ヴァンスの英語で考えるスピーキング』ダイヤモンド社.

ヴァンス,ウィリアム・A./神田房枝(監訳)(2009)『ドクターヴァンスのビジネス・プロフェッショナルが使うパワー英単語100』ダイヤモンド社.

欧州評議会言語政策局/山本冴里(訳)(2016)『言語の多様性から複言語教育へ―ヨーロッパ言語教育政策策定ガイド―』くろしお出版.

金子淳(2018)「CAN-DOリストの作成と活用に関する問題点とその対策―山形県の中学校・高等学校を中心に―」*TOHOKU TEFL JACET* 7: 13-27.

小泉利恵・印南洋・深澤真(編)(2017)『英語テスト作成ガイド』大修館書店.

白井恭弘(2008)『外国語学習の科学―第二言語習得論とは何か―』岩波書店.

白井恭弘(2012)『英語教師のための第二言語習得論入門』大修館書店.

投野由紀夫(編)(2014)『英語到達度指標CEFR-Jガイドブック―CAN-DOリスト作成・活用―』大修館書店.

渡慶次正則・Norman Fewell・津嘉山淳子・名城義久(2016)「CEFR-Jに基づいたCan-Doディスクリプタの信頼性と相関関係の基礎的調査―M大学教養英語の事例―」『名桜大学総合研究』25: 13-23.

根岸雅史(2014)「CAN-DOリストを活用した学習到達目標達成状況の評価」『英語教育学の今―理論と実践の統合―』全国英語教育学会, 208-211.

細川英雄・西山教行(編)(2010)『複言語・複文化主義とは何か―ヨーロッパの理念・状況から日本における受容・文脈化へ―』くろしお出版.

三浦省五(監修),前田啓朗・山森光陽(編著)(2004)『英語教師のための教育データ分析入門―授業が変わるテスト・評価・研究―』大修館書店.

望月昭彦・深澤真・印南洋ほか(2015)『英語4技能評価の理論と実践―CAN-DO・観点別評価から技能統合的活動の評価まで―』大修館書店.

モロウ,キース(2013)/和田稔ほか(訳)『ヨーロッパ言語共通参照枠(CEFR)から学ぶ英語教育』研究社.

吉島茂・大橋理枝ほか(編訳)(2014)『外国語教育Ⅱ 外国語の学習,教授,評価のためのヨーロ

ッパ共通参照枠（追補版）』朝日出版社．

Council of Europe (2001) *Common European Framework of Reference for Languages: Learning, Teaching, Assessment,* Strasbourg: Cambridge University Press.

Martyniuk, Waldemar (2011) *Aligning Tests with the CEFR: Reflections on Using the Council of Europe's Draft Manual,* Cambridge: Cambridge University Press.

Mestre-Mestre, Eva M. (2011) *CEFR & ERROR Analysis in Second Language Teaching at University Level,* Saarbruecken: Lap Lanbert.

Negishi, Masashi, Tomoko Takada and Yukio Tono (2013) "A Progress Report on the Development of the CEFR-J." In: Galaczi, Evelina D. and Cyril J. Weir (eds.) *Studies in Language Testing 36,* Cambridge: Cambridge University Press, 135-163.

Noijons, Jose, Jana Beresova, Gilles Breton and Gabor Szabo (eds.) (2011) *Relating Language examinations to the Common European Framework for Languages: Learning, Teaching, Assessment (CEFR) Highlights from the Manual,* Graz, Austria: Council of Europe Publishing.

North, Brian (2014) *The CEFR in Practice,* English Profile Studies 4. Cambridge: Cambridge University Press.

（書籍・論文以外の参考文献）

『英語教育』(2012) 10月増刊号「テストと評価」，大修館書店．

金子淳 (2017) 『公益財団法人やまがた教育振興財団「教員養成に関する調査研究事業」報告書 山形県の中学校・高等学校における，英語 CAN-DO リスト普及化への対応をはかるカリキュラムもしくはプログラムの開発・試行』

公益財団法人日本英語検定協会　http://www.eiken.or.jp/eiken/
　　ライティングテストの採点に関する観点および注意点（1級・準1級・2級）　http://www.eiken.or.jp/eiken/exam/2016scoring_w_info.html
　　ライティングテストの採点に関する観点および注意点（準2級）　http://www.eiken.or.jp/iken/exam/2017scoring_p2w_info.html
　　ライティングテストの採点に関する観点および注意点（3級）　http://www.eiken.or.jp/eiken/exam/2017scoring_3w_info.html
　　ライティング問題用教材「Dr. Write の英検3級ライティングテストに挑戦！」　http://www.eiken.or.jp/eiken/exam/grade_3/pdf/DrWrite_grade3.pdf

福島県猪苗代町教育委員会　福島県教育委員会委託事業（文部科学省再委託）(2015)「平成26年度英語指導力向上事業　指導と評価改善による教師の指導力向上及び生徒の英語力の向上報告書」．

福島県教育委員会 (2015)「平成26年度『英語指導力向上事業』報告書」．

福島県教育委員会 (2016)「平成27年度『英語指導力向上事業』報告書」．

文部科学省 (2013)「『CAN-DO リスト』の形での学習到達目標例及び年間指導計画・単元計画への反映例」　http://www.mext.go.jp/component/b_menu/shingi/toushin/__icsFiles/afieldfile/2013/01/16/1329645_2.pdf

文部科学省（2013）「『グローバル化に対応した英語教育改革実施計画』について」平成 25 年 12 月 13 日．http://www.mext.go.jp/a_menu/kokusai/gaikokugo/1343704.htm および http://www.mext.go.jp/b_menu/houdou/25/12/1342458.htm

文部科学省（2013）「各中・高等学校の外国語教育における『CAN-DO リスト』の形での学習到達目標設定のための手引き」 http://www.mext.go.jp/a_menu/kokusai/gaikokugo/1332306.htm

文部科学省（2014）「英語教育の在り方に関する有識者会議」平成 26 年 2 月 4 日．http://www.mext.go.jp/b_menu/shingi/chousa/shotou/102/

文部科学省（2014）「英語教育の在り方に関する有識者会議における審議の詳細」 http://www.mext.go.jp/b_menu/shingi/chousa/shotou/102/houkoku/attach/1352464.htm

文部科学省（2015）「英語教員の英語力・指導力強化のための調査研究事業」平成 27 年 9 月．http://www.mext.go.jp/a_menu/kokusai/gaikokugo/1362173.htm

文部科学省（2014）「外国語教育における『CAN-DO リスト』の形での学習到達目標設定に関する検討会議」 http://www.mext.go.jp/b_menu/shingi/chousa/shotou/092/

文部科学省（2014）「今後の英語教育の改善・充実方策について　報告（概要）～グローバル化に対応した英語教育改革の五つの提言～」平成 26 年 9 月 26 日．http://www.mext.go.jp/b_menu/shingi/chousa/shotou/102/houkoku/1352460.htm および http://www.mext.go.jp/b_menu/shingi/chousa/shotou/102/houkoku/attach/1352463.htm

文部科学省（2017）「小学校学習指導要領」 http://www.mext.go.jp/component/a_menu/education/micro_detail/__icsFiles/afieldfile/2017/05/12/1384661_4_2.pdf

文部科学省（2017）「小学校学習指導要領　比較対照表」 http://www.mext.go.jp/component/a_menu/education/micro_detail/__icsFiles/afieldfile/2017/05/30/1384661_4_1_1.pdf

文部科学省（2017）「小学校学習指導要領解説」 http://www.mext.go.jp/a_menu/shotou/new-cs/1387014.htm

文部科学省（2015）「生徒の英語力向上推進プラン」平成 27 年 6 月 5 日．http://www.mext.go.jp/a_menu/kokusai/gaikokugo/__icsFiles/afieldfile/2015/07/21/1358906_01_1.pdf

文部科学省（2017）「中学校学習指導要領」 http://www.mext.go.jp/component/a_menu/education/micro_detail/__icsFiles/afieldfile/2017/06/21/1384661_5.pdf

文部科学省（2017）「中学校学習指導要領　比較対照表」 http://www.mext.go.jp/component/a_menu/education/micro_detail/__icsFiles/afieldfile/2017/06/21/1384661_5-1.pdf

文部科学省（2017）「中学校学習指導要領解説」 http://www.mext.go.jp/a_menu/shotou/new-cs/1387016.htm

文部科学省（2016）「平成 27 年度『英語教育実施状況調査』の結果について」 http://www.mext.go.jp/a_menu/kokusai/gaikokugo/1358566.htm

文部科学省（2017）「平成 28 年度『英語教育実施状況調査』の結果について」 http://www.mext.go.jp/a_menu/kokusai/gaikokugo/1384230.htm

文部科学省（2017）「平成 28 年度『英語教育実施状況調査』（中学・高等学校関係）」 http://www.mext.go.jp/component/a_menu/education/detail/__icsFiles/afieldfile/2017/04/07/1384236_01_1.pdf

東京学芸大学（2017）「文部科学省委託事業『英語教員の英語力・指導力強化のための調査研究事業』平成 28 年度報告書」平成 29 年 3 月 20 日．http://www.u-gakugei.ac.jp/～estudy/report/index.html

根岸雅史（2012）「CAN-DO リストは日本の英語教育に何をもたらすか」文部科学省―ブリティッシュ・カウンシル共催シンポジウム CAN-DO リストを活用した学習到達目標の設定と評価～CEFR が日本にもたらす示唆．https://www.britishcouncil.jp/sites/default/files/ji_diao_jiang_yan_2_can-do_risutohari_ben_noying_yu_jiao_yu_nihe_womotarasuka.pdf

渡部真喜子「CAN-DO リストを活用した英語科授業の実践　福島県猪苗代町立東中学校」https://ten.tokyo-shoseki.co.jp/contest/tkyoiku/no31/watanabe.pdf

CEFR-J ウェブサイト．http://www.cefr-j.org/cefrj.html

JF 日本語教育スタンダードウェブサイト．https://jfstandard.jp/top/ja/render.do

索　引

▶欧　文

ACT-R　68

BBC English　26

CEFR　10
CEFR-J　147

e-learning　128
EFL　60, 122
EFL Vocabulary Test　47
Expanding Circle　20

form　47
form-meaning connections（FMCs）　62
formulaic sequences（FS）　61

IELTS　10
Inner Circle　20

「JACET 8000」　50

L2 学習経験（L2 learning experience）　124
L2 義務自己（ought-to L2 self）　124
L2 動機づけ自己システム（L2 motivational self system）　124
L2 理想自己（ideal L2 self）　124

multi word expressions（MWEs）　61

Outer Circle　20

［+pro 落とし］と［-pro 落とし］　9

TED　95
TOEFL　10, 83, 122
TOEIC　10
TPO　97
type/token ratio（TTR）　65

Vocabulary Levels Test　47

『We Can!』　31, 150

▶あ　行

アイテム学習　60, 61, 63
アウトプット（output）　106, 111
アメリカ英語　92
暗示的知識（implicit knowledge）　61

イギリス英語　92
一般米語（GA: General American）　26
異文化コミュニケーション（intercultural communication）　85, 102
違和感（awkwardness）　78
韻脚（foot）　15
インプット（input）　106, 111
インプット仮説（the Input Hypothesis）　117

英語教育（English education）　1
「英語教育実施状況調査」　139

応用言語学（applied linguistics）　1
音の大きさ（loudness）　15
音の高低（pitch）　15
音の長短（duration）　15
音韻的作動記憶（phonological working memory）　128
音韻認識能力（phonetic coding ability）　127

音韻ループ（articulator loop） 43
音質（voice quality） 15
音声研究 2
音節（syllable） 15
音節拍リズム（syllable-timed rhythm） 15
音素（phoneme） 15
音調学（vocalics） 97
音調群（tone-group） 15
音読 28

▶か 行

外向性（extroversion） 125
外国語教室不安尺度（FLCAS: Foreign Language Classroom Anxiety Scale） 126
外国語としての英語（EFL: English as a Foreign Language） 21, 122
外国語訛り（global accent） 17, 22
外的調整（external regulation） 123
解読化（decode） 87
外発的動機づけ（extrinsic motivation） 123
カイモグラフ（kymograph） 15
学習（learning） 117
学習指導要領解説 25
学習者要因 122
学習到達目標（CAN-DO リスト等） 10, 135, 138
学習方略（learning strategy） 128
確証（support） 95
過剰拡張（overextension） 41
過剰縮小（underextension） 41
過剰般化（一般化）（overgeneralization） 116
カタカナ英語（English loanword cognate） 39
カバー率 50
カルチャーショック（culture shock） 104
間接的方略（indirect strategy） 129
簡略化（simplification） 116

記憶痕跡 44
記憶力（memory capacity） 127
聞き手（listener） 87
逆カルチャーショック（reverse culture shock） 105
嗅覚学（olfactics） 99

共感的感情（empathy） 87, 108
強勢拍リズム（stress-timed rhythm） 15
強調（accent） 96
共同注意（joint-attention） 62
近接空間学（proxemics） 100

繰り返し練習（pattern practice） 114
「グローバル化に対応した英語教育改革実施計画」 138
グローバルシティズンシップ（global citizenship） 107

形態素構文（morphosyntactic structure） 71
形態論 3
言語学習ストラテジー調査法（SILL: Strategy Inventory for Language Learning） 129
言語獲得支援システム（LASS: language acquisition support system） 91
言語獲得（習得）装置（LAD: language acquisition device） 91, 115
言語研究（language studies） 1
言語コミュニケーション（verbal communication） 85, 90
言語使用域（register） 52
言語スロット（slot-filter category） 67
言語適性（language aptitude） 126
言語のリズム 14
顕在記憶 44
現代言語適性テスト（MLAT: Modern Language Aptitude Test） 127
原理とパラメータのアプローチ（principles and parameters approach） 118

語彙 37, 113
語彙アクセス（lexical access） 43
語彙エントリー（lexical entry） 43
語彙習得プロセス 41
語彙知識（vocabulary knowledge） 37
　　――の大きさ（size） 48
　　――の構成（organization） 48
　　――の広さ 45
　　――の深さ 45

索　引　　　　　　　　　　　　　　　　　　　　163

語彙能力（lexical competence）　45
行動主義（Behaviorism）　114
公用語　20
国際語としての英語（EIL: English as an International Language）　21
個人内コミュニケーション（intrapersonal communication）　85, 86
固定観念（stereotype）　105
異なり語数（type）　65
異なり頻度（type frequency）　65
個別文法（particular grammar）　9
コミュニカティブ・アプローチ　136
コミュニケーション（communication）　84
　集団の——（group communication）　85
　組織の——（organizational communication）　85
　——を積極的に図ろうとする態度（willingness to communicate）　87
コミュニケーション研究　7
コミュニケーション・コンテクスト（文脈）（communication context）　83, 88
コミュニケーション能力（communicative competence）　37, 106, 136
誤用分析（error analysis）　115
語用論的転移　113
語連想テスト（word association test）　49

▶さ　行

産出語彙　79
三段論法（syllogism）　95

時間学（chronemics）　100
視空間的スケッチパッド（visuo-spatial sketchpad）　43
自己イメージ（self-image）　86
自己開示（self-disclosure）　86
自己監視（self-monitoring）　86
自己決定理論（self-determination theory）　123
自然順序仮説（the Natural Order Hypothesis）　117
自尊心（self-esteem）　86
自民族中心主義（ethnocentrism）　105
社会的・情緒的方略（social/affective strategies）

129
社会・文化的ノイズ（socio-cultural noise）　88
シャドーイング　28
習慣形成（habit formation）　114
集団のコミュニケーション（group communication）　85
習得（acquisition）　117
習得・学習仮説（the Acquisition-Learning Hypothesis）　117
樹形図（tree diagram）　7
主題優勢言語（topic-prominent language）　113
受動的語彙（passive vocabulary）　4
受容語彙（receptive vocabulary）　37, 47, 79
情意的要因（affective variables）　122
情意フィルタ―仮説（the Affective Filter Hypothesis）　117
証明（proof）　95
事例（exemplars）　60
事例学習（exemplar-based learning）　61, 63
心内（心的）辞書（メンタルレキシコン）（mental lexicon）　4, 43
親密度　48
心理的ノイズ（psychological noise）　88

スピーキング　152

性格（individual characteristics）　125
生成文法（generative grammar）　7
生得主義（nativism）　115
正の転移（positive transfer）　112
生理的ノイズ（physiological noise）　88
世界英語（World Englishes）　3, 20
接触学（haptics）　99
宣言的知識（declarative knowledge）　68
潜在記憶　44
先入観（preconception）　105
専門分野の語彙　54

創造的構築仮説（Creative Construction Hypothesis）　116
組織のコミュニケーション（organizational communication）　85

索引

▶た 行

対照分析(Contrastive Analysis) 114
対照分析仮説(Contrastive Analysis Hypothesis) 115
対人コミュニケーション(interpersonal communication) 85, 87
第二言語習得(SLA: second language acquisition) 111, 136
第二言語としての英語(ESL: English as a Second Language) 21
第二言語の学習開始時期(AOL: age of L2 learning) 17
タイプ(type) 65
対物学(objectics) 97
タイプ頻度(type frequency) 70
対面コミュニケーション(face-to-face communication) 85
代用(substitute) 97
多文化人間(multicultural person) 107
短期記憶(short-term memory) 43

知覚(perception) 92
中央実行系(central executive) 43
中間言語(interlanguage) 115
長期記憶(long-term memory) 43
調整(regulate) 97
重複(repeat) 97
直接的方略(direct strategies) 129
チョムスキー,ノーム(Chomsky, Noam) 7, 18, 91, 118

適性処遇交互作用(Aptitude-Treatment Interaction) 128
手続き的知識(procedural knowledge) 68
転移(transfer) 30, 112
電子メディアを介したコミュニケーション(computer-mediated communication) 85

同一視的調整(identified regulation) 123
同一文化内コミュニケーション(intracultural communication) 85

動機づけ(motivation) 122
道具的動機づけ(instrumental motivation) 122
統語 113
統合的調整(integrated regulation) 123
統合的動機づけ(integrative motivation) 122
動作学(kinesics) 98
等時間隔リズム(isochronous rhythm) 15
等時性 15
動詞の島仮説(verb-island hypothesis) 62
統率・束縛理論(GB理論)(government-binding theory) 9
トゥールミン・モデル(Toulmin model) 95
トークン(token) 65
取り入れ的調整(introjected regulation) 123
取り込み(intake) 75

▶な 行

内向性(introversion) 125
内発的動機づけ(intrinsic motivation) 123
内容言語統合型学習(CLIL) 65

認知的要因(cognitive variables) 122
認知方略(cognitive strategies) 129

ネットワーク構築(network building) 42

年齢要因 119

ノイズ(noise) 88
能動的語彙(active vocabulary) 4
延べ語数(token) 65
延べ頻度(token frequency) 65

▶は 行

箱詰め(packaging) 41
発音 112
発音指導 18
発表語彙(productive vocabulary) 37, 47
発話(production) 79
話し手(speaker) 87
パラレルリーディング 29

非言語コード(nonverbal code) 96

非言語コミュニケーション（nonverbal communication）　85, 96

不安（anxiety）　125
フォーカス・オン・フォーム（FonF: focus on form）　69
符号化（coding）　43
物理的ノイズ（physical noise）　88
負の転移（negative transfer）　112
普遍文法（UG: universal grammar）　9
プライミング（priming）　5
ブリティッシュ・ナショナル・コーパス（British National Corpus）　50
プロソディ　19
文（sentence）　5
文化（culture）　102
文化相対主義（cultural relativism）　104
文章再現タスク（dictogloss）　72
文法（grammar）　5
文法形態素（grammatical morpheme）　116
文法的認識能力（grammatical sensitivity）　127
文法的能力（grammatical competence）　37
文法判断テスト（grammaticality judgment test）　120

変形生成文法理論（generative grammar theory）　115
偏見（prejudice）　105
変数（パラメータ）　9

放送網英語（Network English）　26
補完（complement）　96
母語（mother tongue）　111
　——としての英語（ENL: English as a Native Language）　21
母語干渉（interference of mother language）　112
母語習得（first language acquisition）　111
母語転移（language transfer）　112
補償方略（compensation strategies）　129

▶ま　行

マスコミュニケーション（mass communication）　85
ミニマルペアドリル（minimal pair drill）　18
矛盾（contradict）　96
無動機（amotivation）　123
明示的知識（explicit knowledge）　61
明瞭性（intelligibility）　21
メタ認知方略（metacognitive strategies）　129
メッセージ（message）　87
メンタルレキシコン（心的（心内）辞書）（mental lexicon）　4, 43
目標言語（target language）　112
モニター仮説（the Monitor Hypothesis）　117
モニターモデル（Monitor Model）　117
モーラ（mora）　15
モーラ拍言語（mora-timed language）　15

▶や　行

良い言語学習者（good language learner）　129
容認発音（RP: received pronunciation）　26
用法言語基盤モデル（UBM: usage-based model）　61, 68, 80
ヨーロッパ（欧州）言語共通参照枠（CFER: Common European Framework of Reference for Languages）　32, 137, 148

▶ら　行

ライティング　154
ラベルづけ（labelling）　41
理由（reason）　95
臨界期（critical period）　91
臨界期仮説（critical period hypothesis）　119
リンガ・フランカ（Lingua Franca）　103
　——としての英語（ELF: English as a Lingua Franca）　21
リンガ・フランカ・コア（LFC: Lingua Franca Core）　3, 21

レトリック(rhetoric) 95
連語(collocation) 64

▶わ 行

ワーキングメモリ(working memory) 43, 65, 128

和製英語(made-in-Japan English) 39
ワードファミリー(word family) 45

和英対照用語一覧

▶ A

accent　強調
acquisition　習得
active vocabulary　能動的語彙
affective variables　情意的要因
age of L2 learning: AOL　第二言語の学習開始時期
amotivation　無動機
anxiety　不安
applied linguistics　応用言語学
Aptitude-Treatment Interaction　適性処遇交互作用
articulator loop　音韻ループ
awkwardness　違和感

▶ B

Behaviorism　行動主義
British National Corpus　ブリティッシュ・ナショナル・コーパス

▶ C

central executive　中央実行系
Chomsky, Noam　チョムスキー, ノーム
chronemics　時間学
coding　符号化
cognitive strategy　認知方略
cognitive variables　認知的要因
collocation　連語
Common European Framework of Reference for Languages: CFER　ヨーロッパ(欧州)言語共通参照枠
communication　コミュニケーション
communication context　コミュニケーション・コンテクスト(文脈)

communicative competence　コミュニケーション能力
compensation strategies　補償方略
complement　補完
computer-mediated communication　電子メディアを介したコミュニケーション
contradict　矛盾
Contrastive Analysis　対照分析
Contrastive Analysis Hypothesis　対照分析仮説
Creative Construction Hypothesis　創造的構築仮説
critical period　臨界期
critical period hypothesis　臨界期仮説
cultural relativism　文化相対主義
culture　文化
culture shock　カルチャーショック

▶ D

declarative knowledge　宣言的知識
decode　解読化
dictogloss　文章再現タスク
direct strategies　直接的方略
duration　音の長短

▶ E

empathy　共感的感情
English as a Foreign Language: EFL　外国語としての英語
English as a Lingua Franca: ELF　リンガ・フランカとしての英語
English as a Native Language: ENL　母語としての英語
English as a Second Language: ESL　第二言語としての英語

English as an International Language: EIL　国際語としての英語
English education　英語教育
English loanword cognate　カタカナ英語
error analysis　誤用分析
ethnocentrism　自民族中心主義
exemplar-based learning　事例学習
exemplars　事例
explicit knowledge　明示的知識
external regulation　外的調整
extrinsic motivation　外発的動機づけ
extroversion　外向性

▶ F

face-to-face communication　対面コミュニケーション
first language acquisition　母語習得
focus on form: FonF　フォーカス・オン・フォーム
foot　韻脚
Foreign Language Classroom Anxiety Scale: FLCAS　外国語教室不安尺度
form　音声形式, 語形と発音
form-meaning connections: FMCs　音声形式と意味のつながり

▶ G

General American: GA　一般英語
generative grammar　生成文法
generative grammar theory　変形生成文法理論
global accent　外国語訛り
global citizenship　グローバルシティズンシップ
good language learner　良い言語学習者
government-binding theory　統率・束縛理論（GB 理論）
grammar　文法
grammatical competence　文法的能力
grammatical morpheme　文法形態素
grammatical sensitivity　文法の認識能力
grammaticality judgement test　文法判断テスト

group communication　集団のコミュニケーション

▶ H

habit formation　習慣形成
haptics　接触学

▶ I

ideal L2 self　L2 理想自己
identified regulation　同一視的調整
implicit knowledge　暗示的知識
indirect strategy　間接的方略
individual characteristics　性格
input　インプット
instrumental motivation　道具的動機づけ
intake　取り込み
integrated regulation　統合的調整
integrative motivation　統合的動機づけ
intelligibility　明瞭性
intercultural communication　異文化コミュニケーション
interference of mother language　母語干渉
interlanguage　中間言語
interpersonal communication　対人コミュニケーション
intracultural communication　同一文化内コミュニケーション
intrapersonal communication　個人内コミュニケーション
intrinsic motivation　内発的動機づけ
introjected regulation　取り入れ的調整
introversion　内向性
isochronous rhythm　等時間隔リズム
item-based learning　アイテム学習

▶ J

joint-attention　共同注意

▶ K

kinesics　動作学
kymograph　カイモグラフ

L

L2 learning experience　L2 学習経験
L2 motivational self system　L2 動機づけ自己システム
labelling　ラベルづけ
language acquisition device: LAD　言語獲得(習得)装置
language acquisition support system: LASS　言語獲得支援システム
language aptitude　言語適性
language studies　言語研究
language transfer　母語転移
learning　学習
learning strategy　学習方略
lexical access　語彙アクセス
lexical competence　語彙能力
lexical entry　語彙エントリー
Lingua Franca　リンガ・フランカ
Lingua Franca Core: LFC　リンガ・フランカ・コア
listener　聞き手
long-term memory　長期記憶
loudness　音の大きさ

M

made-in-Japan English　和製英語
mass communication　マスコミュニケーション
memory capacity　記憶力
mental lexicon　メンタルレキシコン(心的(心内)辞書)
message　メッセージ
metacognitive strategy　メタ認知方略
minimal pair drill　ミニマルペアドリル
Modern Language Aptitude Test: MLAT　現代言語適性テスト
Monitor Model　モニターモデル
mora　モーラ
mora-timed language　モーラ拍言語
morphosyntactic structure　形態素構文
mother tongue　母語
motivation　動機づけ
multicultural person　多文化人間

N

nativism　生得主義
negative transfer　負の転移
network building　ネットワーク構築
Network English　放送網英語
noise　ノイズ
nonverbal code　非言語コード
nonverbal communication　非言語コミュニケーション

O

objectics　対物学
olfactics　嗅覚学
organizational communication　組織のコミュニケーション
ought-to L2 self　L2 義務自己
output　アウトプット
overextension　過剰拡張
overgeneralization　過剰般化

P

packaging　箱詰め
particular grammar　個別文法
passive vocabulary　受動的語彙
pattern practice　繰り返し練習
perception　知覚
phoneme　音素
phonetic coding ability　音韻認識能力
phonological working memory　音韻的作動記憶
physical noise　物理的ノイズ
physiological noise　生理的ノイズ
pitch　音の高低
positive transfer　正の転移
preconception　先入観
prejudice　偏見
priming　プライミング
principles and parameters approach　原理とパラメータのアプローチ

procedural knowledge　手続き的知識
production　発話
productive vocabulary　発表語彙
proof　証明
proxemics　近接空間学
psychological noise　心理的ノイズ

▶ R

reason　理由
received pronunciation: RP　容認発音
receptive vocabulary　受容語彙
register　言語使用域
regulate　調整
repeat　重複
reverse culture shock　逆カルチャーショック
rhetoric　レトリック
rule-based learning　規則に基づいた学び

▶ S

Second Language Acquisition: SLA　第二言語習得
self-determination theory　自己決定理論
self-disclosure　自己開示
self-esteem　自尊心
self-image　自己イメージ
self-monitoring　自己監視
sentence　文
short-term memory　短期記憶
simplification　簡略化
slot-filter category　言語スロット
social/affective strategy　社会的・情緒的方略
socio-cultural noise　社会・文化的ノイズ
speaker　話し手
stereotype　固定観念
Strategy Inventory for Language Learning: SILL　言語学習ストラテジー調査法
stress-timed rhythm　強勢拍リズム
substitute　代用
support　確証
syllable　音節
syllable-timed rhythm　音節拍リズム
syllogism　三段論法

▶ T

target language　目標言語
the Acquisition-Learning Hypothesis　習得・学習仮説
the Affective Filter Hypothesis　情意フィルター仮説
the Input Hypothesis　インプット仮説
the Monitor Hypothesis　モニター仮説
the Natural Order Hypothesis　自然順序仮説
token　延べ語数
token frequency　延べ頻度
tone-group　音調群
topic-prominent language　主題優勢言語
Toulmin model　トゥールミン・モデル
transfer　転移
tree diagram　樹形図
TTR　type/token ratio
type　異なり語数
type frequency　異なり頻度

▶ U

underextension　過剰縮小
universal grammar: UG　普遍文法
usage-based model: UBM　用法言語基盤モデル

▶ V

verbal communication　言語コミュニケーション
verb-island hypothesis　動詞の島仮説
visuo-spatial sketchpad　視空間的スケッチパッド
vocabulary knowledge　語彙知識
vocalics　音調学
voice quality　音質

▶ W

willingness to communicate　コミュニケーションを積極的に図ろうとする態度
word association test　語連想テスト
word family　ワードファミリー
working memory　ワーキングメモリ
World Englishes　世界英語

編者略歴

にしはらてつお
西原哲雄

1961年　大阪府に生まれる
1994年　甲南大学大学院人文科学研究科英文学専攻
　　　　博士課程後期単位取得退学
現　在　宮城教育大学教育学部教授
　　　　文学修士

朝倉日英対照言語学シリーズ［発展編］4
英語教育と言語研究　　　　　　　定価はカバーに表示

2018年10月10日　初版第1刷

編　者　西　原　哲　雄
発行者　朝　倉　誠　造
発行所　株式会社　朝倉書店
　　　　東京都新宿区新小川町6-29
　　　　郵便番号　162-8707
　　　　電話　03(3260)0141
　　　　FAX　03(3260)0180
　　　　http://www.asakura.co.jp

〈検印省略〉

© 2018〈無断複写・転載を禁ず〉　　　教文堂・渡辺製本

ISBN 978-4-254-51634-0　C 3380　　Printed in Japan

JCOPY　〈(社)出版者著作権管理機構 委託出版物〉

本書の無断複写は著作権法上での例外を除き禁じられています。複写される場合は、そのつど事前に、(社)出版者著作権管理機構（電話 03-3513-6969、FAX 03-3513-6979、e-mail: info@jcopy.or.jp）の許諾を得てください。

慶應大 井上逸兵編
朝倉日英対照言語学シリーズ〔発展編〕1
社 会 言 語 学
51631-9 C3380　　　Ａ５判 184頁 本体3200円

社会の多様性と言語との相関，多様な展開を見せる社会言語学の広がりと発展，そして次代への新たな方向を示す。〔内容〕言語による対人関係の構築，言語の相互行為，コミュニケーションの諸側面，言語と社会制度，社会的構築物など。

宮城教大 西原哲雄編
朝倉日英対照言語学シリーズ〔発展編〕2
心 理 言 語 学
51632-6 C3380　　　Ａ５判 176頁 本体3200円

人間がいかにして言語を獲得・処理していくのかを，音声・音韻の獲得，単語・語彙の獲得，文理解・統語の獲得，語用の理解と獲得，言語獲得と五つの章で，心理言語学を初めて学ぶ学生にも理解できるよう日本語と英語を対照しながら解説。

前静岡大 服部義弘・立正大 児馬 修編
朝倉日英対照言語学シリーズ〔発展編〕3
歴 史 言 語 学
51633-3 C3380　　　Ａ５判 212頁 本体3400円

英語と日本語の歴史的変化をタイポロジーの視点から捉える。〔内容〕日本語史概観，英語史概観，音変化，韻律論の歴史，書記体系の変遷，形態変化，語彙の変遷，統語変化，意味変化・語用論の変化，言語変化のメカニズム

宮城教大 西原哲雄編
朝倉日英対照言語学シリーズ 1
言 語 学 入 門
51571-8 C3381　　　Ａ５判 168頁 本体2600円

初めて学ぶ学生に向けて，言語学・英語学の基本概念や用語から各領域の初歩までわかりやすく解説。英語教育の現場も配慮。〔内容〕言語学とは何か／音の構造／語の構造／文の構造／文の意味／文の運用

前静大 服部義弘編
朝倉日英対照言語学シリーズ 2
音 声 学
51572-5 C3381　　　Ａ５判 164頁 本体2800円

具体的音声レベルの事象に焦点をあて，音声学の基本を網羅した教科書。〔内容〕音声学への誘い／英語の標準発音と各種の変種／母音／子音／音節・音連鎖・連続発話過程／強勢・アクセント・リズム／イントネーション／音響音声学

同志社大 菅原真理子編
朝倉日英対照言語学シリーズ 3
音 韻 論
51573-2 C3381　　　Ａ５判 180頁 本体2800円

音韻単位の小さなものから大きなものへと音韻現象や諸課題を紹介し，その底流にある抽象的な原理や制約を考察。〔内容〕音の体系と分類／音節とモーラ／日本語のアクセントと英語の強勢／形態構造と音韻論／句レベルの音韻論／最適性理論

北九大 漆原朗子編
朝倉日英対照言語学シリーズ 4
形 態 論
51574-9 C3381　　　Ａ５判 180頁 本体2700円

語及び語形成を対象とする形態論の基本概念を解説し隣接領域からの多様な視点を紹介。〔目次〕文法における形態論の位置づけ／語彙部門／派生形態論／屈折形態論／語の処理の心内・脳内メカニズム／自然言語処理

名大 田中智之編
朝倉日英対照言語学シリーズ 5
統 語 論
51575-6 C3381　　　Ａ５判 160頁 本体2700円

主要な統語現象が，どのように分析・説明されるのかを概観する。生成文法，特に極小主義理論の基本的概念と枠組を紹介。〔内容〕語彙範疇と句の構造／機能範疇と節の構造／Ａ移動／Ａバー移動／照応と削除

前名大 中野弘三編
朝倉日英対照言語学シリーズ 6
意 味 論
51576-3 C3381　　　Ａ５判 160頁 本体2700円

意味論とは，言語表現が共通にもつ意味特性やそれらの間の意味関係を理論的・体系的に分析する学問。最近の認知意味論に至る研究成果をわかりやすく解説。〔内容〕意味とは／語の意味／文の意味Ⅰ／文の意味Ⅱ／意味変化

前甲南大 中島信夫編
朝倉日英対照言語学シリーズ 7
語 用 論
51577-0 C3381　　　Ａ５判 176頁 本体2800円

具体的な言語使用を扱う語用論のテキスト。〔内容〕語用論的意味／意味のコンテクスト依存性／会話における理論／意味論的意味との接点／メタ表示／発話行為／ポライトネス／呼びかけ話およびエピセット

上記価格（税別）は 2018 年 9 月現在